リーダーは
偉くない。

立花陽三
TACHIBANA Yozo

ダイヤモンド社

はじめに

僕はリーダーとして「失敗」した経験があります。

あの頃の僕は、「リーダーたるもの、誰よりも優秀でなければならない」という強迫観念のようなものにとらわれていたのでしょう。

誰よりも成果を上げることで、「俺についてこい」とメンバーを引っ張っていかなければならないと気負いすぎていたと思います。

だけど、そんな必要はないと気づきました。

リーダーだからといって、格好をつけるのではなく、もっと気楽に自然体でいた方がいい。

そして、自分の「欠点」や「弱点」を素直に受け入れて、それをメンバーに助けてもらったほうがよっぽどいいと思うようになったのです。

そうすると、メンバーがそれぞれの「強み」を思う存分に発揮してくれるようになるとともに、メンバーとの関係性も良好になり、そこにチームワークが生み出されていきました。

そして、みんなが仕事を笑顔で楽しめる環境を作り出すことができれば、自然とチームとしての「成果」は上がっていくことを体感できたのです。

だから、僕は「リーダーは偉くない」という言葉を自分に対する戒めとして大事にしています。そのような謙虚な姿勢こそが、強いチームを生み出す出発点だと思うのです。

リーダーが「優秀」である必要なんてない。

立花陽三

リーダーは偉くない。◉目次

［装　丁］奥定泰之
［写真撮影］榊　智朗
［編集協力］前田浩弥
［ＤＴＰ］ＮＯＡＨ
［校　正］小倉優子
［編　集］田中　泰

プロローグ　「むちゃくちゃ」なリーダーシップ

「リーダーシップ」が崩壊する瞬間とは？

「リーダーは偉くない。」

本書のタイトルを見て、「どういうこと？」「そんなわけないだろ？」などと違和感をもった方もいらっしゃるかもしれません。

その違和感、ごもっともだと思います。僕自身、これまで何人かの「本物のリーダー」にお目にかかってきましたが、どなたも人格的に尊敬のできる「偉い人」ばかりでした。その意味では、「リーダーは偉い」と言うべきなんだと思います。

だけど、周りの人々から尊敬され、周りの人々を元気にして、チームの活力を最大化するような「本物のリーダー」は、どなたも「自分は他の人よりも偉い」などとは露《つゆ》ほども考えていないように見えます。というよりも、そんなところに気持ちが向かっていないと思うのです。

むしろ、「自分は他の人よりも偉い」などと思い上がった瞬間に、リーダーシップは崩れ去ってしまうのではないでしょうか。メンバーは、リーダーがもつ権力を恐れて、表面的には従順を装うかもしれませんが、内心ではそっぽを向いている。その結果、組織が機能不全へと陥っていく……。そのことを、僕自身、痛恨の失敗を通して思い知らされたのです。

あれは、僕が39歳のときのことです。

1994年に大学を卒業後、ソロモン・ブラザーズ証券（現シティグループ証券）、ゴールドマン・サックス証券と渡り歩いていた僕は、2010年にメリルリンチ日本証券（現 BofA 証券）の経営陣のおひとりに声をかけられ、「メリルリンチの業績を上げるために、力を貸してほしい」と依頼を受けました。

その方を尊敬していたこともあって、意気に感じた僕は転職を決意。そんな僕を、メリルリンチはこれ以上ないというほど丁重に扱ってくれました。

入社するにあたって、「債券営業統括本部長」という肩書きを与えられ、数十人規模の営業部隊を統括するポジションに就任。さらに、豪華な個室をあてがわれたうえに、「秘書は何人つけましょうか？」とお伺いを立てられる……。まさに、〝VIP待遇〟だったのです。

メリルリンチでの「痛恨の失敗」

これで僕はすっかり勘違いをしてしまいました。

要するに、「偉そう」にしてしまったんです。

いや、あの頃の僕だって、「偉そうにしちゃダメだ」と自分に言い聞かせていたんです。さすがの僕も、そのくらいのことはわかっていたつもりです。だけど、調子に乗った生意気な若造だった僕は、ちょっとチヤホヤされただけで、自分の「真実の姿」をいとも簡単に見失ってしまったのです。

僕は、自分の個室からほとんど出ることなく、実績の上がらないメンバーを呼びつけては、「どうして数字が上がらないの？」と問い詰め、「こうしたらいいんじゃない？」などとアドバイスを押し付けたりしていました。お客さまを見てもいないのに、部下を問い詰めるなどやってはいけないことですよね。だけど、僕はこんな調子で、数字が上がらないのを、すべて部下のせいにしていたのです。

挙句の果てには、部門の数字が伸び悩んだときに、メンバーのやる気に「火」をつける努力をすることもなく、「しょうがない……俺がやるしかない」と考えた僕は、誰にも相談することなく勝手に営業活動に乗り出し、目標数字を達成しようとしたりもしました。

僕としては、「率先垂範《そっせんすいはん》」で現場を鼓舞《こぶ》するつもりでしたが、要するに、「俺はやっている！」とアピールするためのスタンドプレイにすぎませんでした。それに気づいてなかった僕は、きっと〝ドヤ顔〟をしていたんでしょう。現場を鼓舞するどころか、「勝手にやってくれ」と思われただけだったようです。

〝拳骨〟で殴られて気づいた「大切なこと」

「メリルリンチを日本一のプレゼンスに高めたい」

当時の僕は、こんな使命感を抱いていました。そして、その思いに嘘はなかったと今でも思っています。

ただ、その思いの奥底にあったのは、「ゴールドマンで結果を出していた俺が、君たちに営業を教えてやろう」という〝上から目線〟だった。それでは、メンバーから反感を買うのも当然の成り行きだったと思います。

そして、入社してほんの数ヶ月で決定的な出来事が起きます。

直属の上司から、僕は知らされていなかった「現場の情報」を教えられたのです。つまり、部下は僕をスキップして、僕の上司に直接報告をしていたということ。肩で風を切る勢いで「俺についてこい！」とばかりに突っ走っていた僕でしたが、振り返ると誰一人ついてきていなかった。いや、要するに、ゴールドマンから〝落下傘〟で降りてきた僕は、みんなにとって〝邪魔者〟でしかなかった。その現実に気づけなかった僕がバカだったのです。

それにしても、これはキツかった。

まさに〝拳骨《げんこつ》〟で殴られたような衝撃でした。

でも、それくらいの痛い思いをしなければ、僕は、自分の「真実の姿」に気づくことはできなかったでしょう。本当に恥ずかしいです。だけど、あのとき〝殴ってもらえた〟ことに感謝しなければならない、と今は思っています。そのおかげで、「大切なこと」に気づかせてもらったからです。

とはいえ、当時、未熟だった僕は、素直に謝罪することすらできませんでした。いや、本当のことを言えば、「どうしてわかってくれないんだ」と腹を立てていたんです。重ね重ね、恥じ入るばかりです。

「立花くん、今度、楽天野球団の社長をやらない？」

このように、僕はメリルリンチで「痛恨の失敗」をしました。

そして、僕は、自分で自分につけた「傷」の痛みに苦しみながらも、みんなと一緒に前澤友作さんに持ちかけて、株式会社ZOZOの東証マザーズから東証一部への市場変更を手掛けるなど結果を残すことで、メリルリンチにおける「立ち位置」もでき上がっていきました。ところが、そんななか、思わぬ形で「転機」は訪れました。

始まりは、一本の電話でした。

ある日、お世話になっている先輩から「美味しいものでも食べに行こうよ」と連絡が入ったのです。

僕は、軽い気持ちで出かけていったのですが、途中で楽天創業者の三木谷浩史さんと、東北楽天ゴールデンイーグルス球団社長の島田亨さんと合流。その展開に僕は少々驚きましたが、おふたりとはすでに面識があったので、打ち解けた雰囲気で会食はスタート。よもやま話で盛り上がりながら、お酒が進みました。そして、場が温まってきた頃、唐突に、三木谷さんがこうおっしゃったのです。

「立花くん、今度、楽天野球団の社長をやらない？」


これには面食らいました。

だって、現社長の島田さんが目の前にいらっしゃるんですよ？　下手なことを言ったら失礼になる。どう反応すればいいかわからないじゃないですか？「いったい、何を言い出すんだ……弱ったな……」と思いながら、生返事でごまかすしかありませんでした。そして、このときは、それ以上深い話にはならないまま、会食はお開きとなったのです。

とんでもなく魅力的な「提案」

だけど、三木谷さんの提案はとてつもなく魅力的でした。

聞いた瞬間に「やりたい！」と前のめりになった、というのが正直なところです。

僕は以前から、三木谷さんや、サイバーエージェントを創業した藤田晋さんなど、一代で大きな成功を収めた人物を尊敬しており、いつか、そうした方々と仕事をしてみたいと考えていたからです。その三木谷さんご本人から、お声がけをいただいたのだから、前のめりになるのは当然のことでした。


また、僕は、野球経験こそありませんでしたが、子どもの頃から高校野球が大好きで、わざわざ東京の自宅から甲子園に観戦にいくほどでした。それに、スポーツをするのも大好きで、学生時代にはラグビーにとことん打ち込んでいました。

父や兄の影響でラグビーを始めたのは小学校2年生のとき。それ以降、ラグビーの面白さにはまり、成蹊高校在学時には高校日本の代表候補に選ばれ、慶應義塾大学のラグビー部では徹底的にしごき抜かれました。

さらに、ソロモンからゴールドマンに転職するときの「ガーデン・リーブ」（競合他社に転職するときに、3ヶ月ほどの期間、労務を免除したうえで給与を支給する代わりに、競業避止義務を負わせる外資系企業の慣行）を利用して、ラグビーの本場・イギリスに渡ってコーチングを学んだうえで、慶應ラグビー部のコーチに就任。1999年に学生日本一になるプロセスに立ち会ったこともあります。

そんな経験をしてきた僕にとって、球団社長としてスポーツに深くかかわることは、心の底からワクワクする魅力的な仕事だったのです。

それに、冷静に考えれば、僕のキャリアにとっても重要な意味があります。

なにしろ、プロ野球の球団社長のポストは、日本に12個しかありません。

思い上がりの強い僕は、当時、「上場企業の社長だったら、むちゃくちゃ頑張ればなれるかも……」などという〝甘い考え〟をもっていましたが、12個しかないポストに就けるチャンスは、この機を逃したら二度と来ないと思いました。まさに、千載一遇のチャンスだったわけです。

だから、会食から1週間後、島田さんから改めて正式なオファーを頂戴したときに、僕に迷いはありませんでした。

聞けば、島田さんはシンガポールの楽天の拠点への赴任が決まっており、その後釜として僕に白羽の矢が立ったとのこと。ならば、何の憂いもありません。メリルリンチにスジを通すことを条件に、ありがたくオファーをお受けすることにしました。

このとき、島田さんは「立花さんが思うように、どんどんチャレンジしてください」と僕の背中を押してくださいました。ゼロから球団の経営基盤を築き上げてこられた島田さんに、そのようにおっしゃっていただけたのはもちろん嬉しかったのですが、それ以上に、重圧に身が引き締まるような思いでした。

そして、話はトントン拍子で進み、最初の会食からわずか2ヶ月余り、2012年8月1日付で楽天野球団社長に就任することが決定。まさに、「良いご縁」が、僕を新しい「道」に導いてくれたのです。

「不安」にかられた日々

「優勝」と「黒字化」――。

これが、社長就任にあたって、三木谷さんから託された使命でした。

単純な僕は、「よっしゃ、やったるぜ！」と張り切っていましたが、そんな僕に向かって、「まだ歴史の浅い楽天野球団が、優勝するのは難しいよ」などと失礼なことを言う仕事関係の仲間もいました。

もちろん、僕は「そんなことねーよ」と一蹴《いっしゅう》。ビジネスでは無数のライバルがいますが、プロ野球はリーグにライバルは5チームだけ。ゼロイチでビジネスを成功させるよりも、リーグ優勝するほうが成功確率は高いはず。だから、「お前らがビジネスで成功するより、楽天の優勝のほうが先だね」などと軽口を叩いていたのです。

でも、そうやって強がる反面、内心は「不安」だらけでした。

なぜなら、チーム成績が低迷しているのは「事実」だったからです。

２００４年に、50年ぶりの新球団として創設されて以来、パ・リーグでＡクラス入りしたのは、野村克也監督のもとリーグ２位となった２００９年の一度だけ。翌２０１０年には6位に沈み、２０１１年に星野仙一監督が就任してから、5位、4位と順位を上げつつも、２年連続でＡクラス入りを果たすことはできませんでした。

そのチームをどうすれば優勝させられるのか？

そんなことは、プロ野球のド素人だった僕にわかるはずもありません。まさに五里《ごり》霧中《むちゅう》、暗中模索《あんちゅうもさく》。野球をイチから勉強しながら、手探りで動いていくほかありませんでした。

しかも、当たり前のことですが、強化策には「カネ」がかかります。実際、星野監督からは、強力な外国人選手の獲得などの強化策を要請されましたが、それを実行すれば「黒字化」とは逆行することになります。このジレンマをどう解決すればいいか、「答え」は簡単に見つかりそうにはありませんでした。

それだけではありません。僕は、社長就任後、毎日のように球場に足を運びましたが、当時はまだ空席が目立つことが多いのが実情でした。

前社長の島田さんが「新しいチャレンジをしてほしい」とおっしゃったのは、「この状況を変えてほしい」ということだったのではないか。たしかに、この状況のまま「黒字化」を達成することは難しいだろう。新社長である自分がなんとかするしかない……。

ところが、そのためにはどうすればいいのかが全くわかりませんでした。空席の目立つ観客席を見つめながら、ひとり呆然と考え続けていたことを、昨日のことのように思い出します。

「ファン」に喜んでもらうことに徹する

実は、社長に就任すると同時に、僕のもとにはコンサルタントから「経営データ」と「取るべき対策」が届けられました。

そこに書かれていたのは、要するに、「黒字化のために、コストカットを断行すべし」ということ。幹部社員からは、カットすべき経費・施策についての具体的な提案も示されていました。

この提案自体は、しごく真っ当なことです。「黒字化」を達成するためには、大きく分けると、「売上」を上げるか、「コスト」をカットするかのどちらかしかありません。そして、「売上」を上げるよりも、「コスト」をカットする方が簡単だし、すぐに結果が出ます。だから、僕も最初は、「コストカットをするしかないな……」という気持ちでいました。

だけど、入社してから多くの社員たちと対話をすると、僕の気持ちは大きく変わっていきました。

なぜなら、多くの社員たちが、「こんなことをやったら、ファンが喜んでくれるんじゃないか?」というアイデアをたくさんもっていたからです。ただ、「コスト意識」がちょっと強すぎるせいか、「確実に黒字になる」と確信できるまで慎重に考える傾向があるように思えました。

それが、僕にはもったいないような気がしてなりませんでした。もちろん、すべてのアイデアがうまくいくとは限りませんが、可能性があるものはトライしてみるべきだと思ったのです。そうすることで、社員たちのやる気に「火」をつけることもできるのではないか。そして僕は、コストカットをするのではなく、社員のアイデアに積極的に投資することによって、会社を成長させる「道」を選択すべきだと考えるようになりました。

「自分より優秀な人」に助けてもらう

そこで、僕は、こう腹をくくりました。

「コストカットではなく、売上のトップラインを上げることで黒字化をめざす」

そのためには、とにかく全社一丸となって、ファンに喜んでもらうために全力を尽くすことで、観客動員数を増加させることに「照準」を合わせる。観客動員数が増えれば「黒字化」の可能性が出てくるし、チームの強化に使える原資も増やすことができるだろう。すなわち、優勝できるチームにするために、積極的な投資ができるようになると考えたわけです。

これは、楽天野球団にとっては、全く新しいチャレンジでした。それだけに、これまでのやり方に順応していた組織全体から、大きな抵抗を受けるのは必至。組織という得体の知れない「大きな生き物」に、たった一人で戦いを挑むような気持ちでした。だから、僕は、「絶対に改革を成し遂げる」と覚悟を決め、「闘志」を振り絞って走り出したのです。

そして、そのときに、改めて心に刻んだのが、メリルリンチで痛い思いをして学んだ、「リーダーは偉くない」という言葉でした。

そもそも、ひとりで成し遂げることができる「小さな目標」ならば、リーダーという存在など必要ありません。多くの人々の力を貸してもらわなければ達成することのできない「大きな目標」だからこそ、リーダーという存在が必要になるのです。

であれば、リーダーが「自分は他の人よりも偉い」などと思い上がっているようでは話になりません。そうではなく、自分の「弱点」や「できないこと」を認めたうえで、それを補ってくれたり、助けてくれる社員たちに、心からの「敬意」を払うことが、リーダーの出発点であるはず。もっと言えば、自分よりも「優秀な社員」に、思う存分に力を発揮してもらうことに、リーダーの真骨頂《しんこっちょう》があるのです。

「敬意」を払うとは、妙に「謙る」ことではない

ただし、「敬意」を払うとは、妙に「謙《へりくだ》る」ことではないと思います。

社長と部長、社長と課長、社長と一般社員など、それぞれの立場や役割を踏まえながらも、あくまで対等な人間として、自分が「正しい」と思うこと、自分が「やるべきだ」と思うことを、本気でぶつけ合う。これこそが、本当の意味で「相手に敬意を払う」ことだと思うのです。

だから僕は、僕の「正しい」と思うことを、ストレートに社員たちに伝えました。

もちろん、相手の性格や気質に応じて「言い方」には配慮したつもりですが、妙な手加減はしません。どちらかというと僕はやんちゃなタイプなので、やや乱暴な言葉を使ってしまった場面もあったかもしれませんが、猫撫《ねこな》で声《ごえ》で話すのも気持ち悪いし、偽善的だと思います。

いや、そういう表面的なカモフラージュで「関係性」を築こうとすること自体が、そもそも社員を見くびっている証拠ではないでしょうか。そして、そんな嘘をいくら上手に塗り重ねても、本当の意味での「信頼関係」など生まれはしないと思うのです。

むしろ、「信頼関係」を築くために大切なのは、リーダーである僕が、社員がぶつけてくる「意見」「主張」にしっかりと耳を傾けることです。

僕の主張に対して、社員が「それは違う」と思ったときには、「反論」をぶつけてもらえる存在でなければならない。そして、社員の「反論」にしっかり耳を傾けたうえで、お互いの「意見」を戦わせることが大切だと思うのです。

そのプロセスによって、僕の「考え」はブラッシュアップされますし、時には、僕が間違っていたことに気付かされることもあります。その場合には、自分の間違いを素直に認めることが決定的に大事です。あるいは、「お前がそれが正しいと思うなら、やってみればいいじゃないか」と、社員の背中を押したことも何度もあります。

もちろん、最終的には、リーダーである僕が全責任を負うことを当然の前提として、僕の主張を押し通すこともありますが、お互いに「意見」を戦わせるプロセスを経ているからこそ、「コイツがそこまで言うなら、しょうがない。協力してやるか」と思ってもらえる可能性が生まれるのだと思います。

このような形で、「意見」をぶつけ合うことこそが、お互いに「敬意」を払うことだと思いますし、その積み重ねによってしか、本当の意味での「信頼関係」は生まれないのだと思うのです。

僕が、「お弁当を完売」して喜ぶ社員を叱った理由

そんなわけで、僕は、社員たちに「自分の考え」をガンガンぶつけていきました。

その結果、「そんな、むちゃくちゃなこと言わないでくださいよ」などと何度も言

われたものです。

たとえば、地方の市民球場での試合で、ゲーム開始前に500個のお弁当を完売したことがあるのですが、「やった、やった！」と喜んでいる社員たちを見たときに、思わず「それは違うだろ！」と叱ったことがあります。

本当にお客さまのことを考えるならば、500個では足りなかったことを反省すべきだし、なんとかお弁当を補充するために、即座に走り回るべきでしょう。しかも、そうすることによって、楽天野球団の売上は増えるわけです。それなのに、能天気に喜んでいることに、正直、腹が立ったのです。

そして僕は、叱りつけたうえで、「次の試合は、2000個のお弁当を売ろう！」とぶち上げました。もちろん、「そんなの無理に決まってるじゃないですか」「むちゃくちゃ言わないでくださいよ」と非難轟々《ひなんごうごう》。だけど、僕は一歩も引きませんでした。「とにかくやってみよう。失敗したら、俺が全責任を取るから」と押し切ったのです。

ところが、これは、実際に「むちゃくちゃ」だったんです。

というのは、僕が言い張った「2000個」という数字は恥ずかしながら、思いつきで根拠のない数字だったからです。

冷静になって考えると、その球場が満席になったとしても2万人。ということは、10人にひとりのお客さまが買ってくださらないと「2000個」は完売できない計算になります。「簡単には達成できない高い目標」を課すつもりではいたんですが、これはさすがに〝やりすぎ〟でした……。社員たちには「大丈夫だよ！」と笑顔を見せていましたが、内心では「やっべー！」と焦っていました。

「簡単なこと」を達成しても楽しくない

だから、僕自身、全社員の先頭に立って、必死で走り回りました。

社員のみんなも、最初は「マジかよ？」という顔をしながら手伝ってくれました。

とはいえ、在庫は山ほどある。どうしたら完売できる？　あーだこーだと議論しているときに、「よし、選手のサインをつけよう」と誰かが思いつき、お弁当を買ってくれたお客さまにはガラガラをやっていただき、「当たり」が出たら選手やコーチのサインボールをプレゼントするという〝裏ワザ〟を繰り出すことにしました。

その結果、かなり苦戦はしたものの、試合終了ギリギリのタイミングで、どうにかこうにか「2000個の完売」を達成。これには、全員がむちゃくちゃ盛り上がりました。何事もそうですが、「簡単なこと」を達成しても、たいして嬉しくはありません。「難しいこと」を達成するからこそ楽しいんです。

「自画自賛」かつ「結果論」ではありますが、僕が「むちゃくちゃなこと」を言い張ったからこそ、あの「達成感」や「一体感」を全員で味わうことができたのではないかと思います。そして、「俺たちは、やればできる！」という、自分たちのチームワークに対する自信もついたように思うのです。

また、実は、僕には「裏の狙い」もありました。

それまで、社員がお客さまと直接話す機会はほとんどなかったのですが、「2000個のお弁当」を完売するためには、全社員がお客さまに声をかけて売り歩かなければなりません。そのときに、お客さまとのコミュニケーションが発生することに意味があると思ったのです。

なぜなら、経理担当であろうが、広告担当であろうが、すべての社員の仕事は、究極的には「お客さまに喜んでいただくこと」にほかなりません。であれば、お客さまと直接触れ合う経験は必須。というよりも、お客さまと触れ合ったこともない社員が、「お客さまに喜んでいただく仕事」などできるはずがないのです。

しかも、お客さまにすれば、球団社員と言葉を交わす機会はそんなにありません。そのときに気持ちよいコミュニケーションができれば、きっと球団に対して好印象をもってくださるに違いありません。その意味でも、「2000個のお弁当」という無理難題は有意義だったと思いますし、こんなイベントをきっかけに、社員がお客さまと直接触れ合う機会を徐々に増やしていくことができたのです。

"ドタバタ劇"を繰り返しながら学んだこと

ただし、「むちゃくちゃ」だったのは、決して僕だけではありません。

社員だって、けっこう「むちゃくちゃ」だったんです。たとえば、数人の社員たちが、こんな企画を考えたことがあります。真夏に観客席の一部を囲って、お客さま同士が水鉄砲を掛け合って遊ぶというイベント企画でした。

正直、僕はあまりピンと来なかったんですが、海外ではそういう企画が当たっているようでしたし、何より、社員たちの熱量が半端ではなかったので、「じゃ、やってみろよ」ということでGOサインを出しました。

ところが、当日の天気はあいにくの雨――。

野球は雨天決行となったので、「そのイベントはどうするのかな？」と見ていたら、なんと雨のなか、ウォーターキャノンで水を噴射しながら、水鉄砲をかけ合ってるんです。ワーキャー言って盛り上がってるからいいものの、はっきり言って〝バカ丸出し〟。これには呆《あき》れました。

だから、試合終了後、全身びしょ濡れになって事務所に戻ってきたメンバーたちが、「いやー楽しかったです！」「お客さんも盛り上がってましたよ！」などと盛り上がっているところに、僕は「お前ら何やってんの？」と〝冷や水〟をぶっかけました。

決して、怒ってたわけじゃないんです。やり切ったこと自体はいいことだし、〝ヤケクソ気味〟だったとはいえ、お客さまが楽しんでくださっていたのも事実ですから、僕はむしろ「よくやった！」と思っていました。

ただ一方で、雨が降ったときのために、着替える場所やタオルなどを用意したり、屋内の会場を押さえておくといったリカバリー・プランを準備していなかったのは、未熟と言わざるを得ません。お客さまのことを真剣に考える「プロフェッショナル」ならば、そこまで考えが及ぶはずです。だから、〝バカ丸出し〟の彼らへの愛情とは別に、そのことはしっかりと指摘しておく必要があると思ったのです。

ともあれ、僕が社長に就任してからは、こんな〝ドタバタ劇〟が毎日のように繰り広げられました。

だけど、みんなが本気でぶつかり合う〝ドタバタ劇〟を繰り返すなかで、僕を含めた全員が「お客さまに喜んでいただくとはどういうことか？」を身体で学んでいったように思います。そして、「高い目標」「難しい目標」を達成するために、お互いに助け合い、励まし合うことで、組織の「一体感」のようなものが育まれていったのです。

「チーム成績」が悪くても、「観客動員数」を増やす

その結果、僕たちは一定の成果を上げることができました。

まず、社長就任の翌年、２０１３年のシーズンにおいて、星野監督の指揮のもと、

球団創設以来の悲願だった「リーグ優勝」を達成。さらに、読売ジャイアンツを制して「日本一」になるという栄誉を手にすることができたのです。

これは、僕としては、「運」に恵まれたとしか言いようがありません。

もちろん、優勝に大きく貢献したアンドリュー・ジョーンズ選手たちと入団交渉をするなど、多少の功績はあったと思ってはいるんですが、数多くの先人が築き上げてきてくださった「球団の実力」の上に、乗っからせていただいたにすぎないからです。ここに改めて、すべての先人への「感謝」を記しておきたいと思います。

ただし、その後は、「優勝」からは遠ざかってしまいました。

優勝の翌年に最下位に沈んで以降、リーグ3位を超える成績を収めることはできませんでした。そのことに忸怩《じくじ》たる思いを抱いていますが、一方で、球団経営においては着実に成果を上げることができたと自負しています。

球団創設以来、年間の観客動員数はおよそ110万人〜120万人でしたが、優勝した2013年に年間128万人に増えた後、優勝から遠ざかっていたにもかかわらず、14年145万人、15年152万人、16年162万人、17年177万人と、右肩上がりに増加。それに伴い、「黒字化」も数年間達成することができました。

残念ながら「黒字化」を常態化させるまでには至りませんでしたが、売上のトップラインが大幅に上がったことから、チーム強化のために投資できる原資をかなり増額することができたと思っています。

さらに、三木谷さんの指示により、２０１７年に楽天ヴィッセル神戸の社長も兼務することになり、２０２０年には「天皇杯」で優勝することもできました。

２０２１年に、楽天野球団、ヴィッセル神戸ともに社長を退任し、後進に経営を委ねることになりましたが、この10年間、実に充実した楽しい日々を送ることができました。それもすべて、このチャンスを与えてくださった三木谷さん、島田さん、そして僕を助けてくださった皆さんのおかげです。本当にありがとうございました。

ビジネスの成功に〝特効薬〟はない

「どうすれば、観客動員数を増やすことができるのか？」

これまで僕は、何度もこの質問を受けてきましたが、「これをやったから」というきっかけを特定できるようなものではないと答えてきました。そんな都合のよい〝特効薬〟なんてないと思うのです。

そうではなく、僕たちが〝ドタバタ劇〟を延々と続けたように、とにかく「お客さまを喜ばせる」ために、社員全員が知恵を絞り、実行して、成功したり失敗したりしながら、必死で「お客さまの思い」に追いつこうと努力する。その積み重ねをバカ正直にやり続けること以外に、お客さまを増やす方法などない。これは、あらゆるビジネスに共通する「真理」ではないかと思うのです。

そして、楽天野球団とヴィッセル神戸で、一定の成果を収めることができたのは、ひとえに「お客さまを喜ばせる」ために、全力を尽くしてくれた監督・選手・コーチ・社員・スタッフの皆さんのおかげです。

だから、ご縁があって知り合った編集者から、「立花さんのリーダーシップ論を本にまとめませんか？」というオファーを受けたときには、正直なところ二の足を踏みました。ちょっと成果が出たからといって、調子に乗って「リーダー論」を説いたりすれば、メリルリンチのときのような大失敗をするんじゃないか。そんなことも、頭をよぎったりしました。

だけど、あれこれ考えた末に、僕はそのオファーを受けることにしました。

これからの自分のために、「リーダーとは何か?」を改めて考えておく必要があると思ったのです。

というのは、僕は、新たなチャレンジを始めたからです。まず、宮城県塩釜市にある廻鮮寿司「塩釜港」の創業者・鎌田秀也さんに頼まれて、同店の社長を引き受けました。そしていま、世界中から塩釜にお寿司を食べに来てくれることを夢見て、鎌田会長、社員、スタッフ全員でチャレンジをしているところです。

また、地方の中小企業に投資し、その成長をサポートする日本企業成長支援ファンド「PROSPER」を、株式会社Plan・Do・Seeの創業者・野田豊加さんとともに設立しました。

Plan・Do・Seeは、「日本のおもてなしを世界中の人々へ。」というビジョンのもと、各地域の名建築をレストランやホテルなどに仕立てて、その地域全体の活性化をめざす超優良企業です。

そんな企業を築き上げてきた野田さんと、スポーツを通じ地域活性化にチャレンジしてきた僕が意気投合して、地方にある素晴らしい会社、歴史、伝統を、次世代に継承するためのファンドを創設。この構想に数多くの投資家の皆さまがご賛同くださり、日本企業成長支援ファンド第一号を約１７５億円で組成することができました。

そして、こうした新しい挑戦を成功させるためには、強靭《きょうじん》なリーダーシップが不可欠だと考えました。そこで、自分なりの「リーダー論」を一冊の本にまとめるために、これまでの自分を振り返りながら、「リーダーシップとは何か？」を深く考えてみることには、大きな意味があると思ったのです。

リーダーシップの「本質」は何か？

そんなわけで、この本はあくまで自分のために書いたものですから、読者の皆さまに「リーダーシップについて教えよう」などというつもりはさらさらありません。

そんな大それたことはできませんし、そもそもリーダーシップというのは、きわめて属人的なものであって、僕に適したやり方が、他の方にもそのままあてはまるとは思えません。だから、この本に書いていることを、表面的に真似するのは絶対にやめてほしいと願っています。

とはいえ、リーダーシップには何かしら普遍的で本質的なものがあるのも事実だと思います。それは何か？　それを僕なりに追求したのが本書です。

また、楽天野球団時代の僕は、楽天という大組織のなかの一事業のトップでしかありませんでしたから、さまざまなステークホルダー（利害関係者）の意向を受け止めつつ、球団にとってベストの選択をすることの難しさも痛感させられました。

しかし、そんな状況のなか、「リーダーシップ」を発揮しながら、ものごとを正しく進めていくことに、「面白さ」や「楽しさ」があることを学びました。そうした観点から、本書に共感をしていただける読者もいらっしゃるかもしれません。

ただし、すでに、ここまでお読みいただいた方はおわかりのことと思いますが、僕には賢《かしこ》そうなことは書けません。その点はご容赦ください。「こいつ、むちゃくちゃなこと言うなぁ」と笑っていただいて結構です。

できれば、読者の皆さまには、それぞれのご経験を踏まえながら、本書を批判的に読んでいただき、ご意見やお叱りを寄せていただければ幸いです。それを糧として、僕なりのリーダーシップに磨きをかけていきたいと考えています。そして、もしも本書が、皆さまのリーダーシップを見つめ直すきっかけになることがあるとすれば、それは望外の喜びです。

第1章

リーダーは「格好」つけなくていい

決断

1 「理屈」よりも「実感」が大切である

――リーダーが腹の据わった「決断」をする方法

自分の「腹」に落ちるまで、自分の「頭」で考え抜く

リーダーの最初の仕事は何か？

僕は、シンプルでみんなが理解できる「旗」を掲げることだと思っています。チームや組織の「目標」は何か？　そして、その「目標」をどうやって実現するのか？　この二つを明確に示すこと。それが、「旗」を掲げるということです。

当たり前のことですが、リーダーが明確な「旗」を掲げて、「あっちに向かって走ろう」と明言しない限り、組織に「意思」は宿らず、メンバーは「迷走」を続けるほ

かありません。

なかには、「旗」を掲げることなく、「なんとかしろ！」などと命令するようなリーダーもいるかもしれませんが、そんなのは論外。あっという間に、組織は崩壊へと向かっていくに違いありません。

とはいえ、これが難しい。

経営の大方針を決めるわけですから責任重大。「これでいく！」と覚悟を決めるのは、そう簡単なものではありません。僕自身、楽天野球団の社長に就任した直後は、ずいぶんと考え、悩み、迷ったものです。

僕の場合は、三木谷オーナーから与えられた「黒字化」という「目標」にコミット（実現を約束する）していましたから、「その目標をどうやって実現するか？」という「手段」を明確にするだけでよかったわけですが、それでも悩み、迷いました。経営者になるのは初めてでしたし、野球ビジネスについてもど素人でしたから、それも仕方のないことだったと思っています。

ただ、一つだけ死守すべきと思っていたことがあります。

それは、自分の「腹」に落ちるまで、自分の「頭」で考え抜くこと。そして、血の通った、実感のこもった「旗」を掲げなければならないということです。そうでなければ、自分が掲げた「旗」に自信と責任をもつことはできませんし、三木谷オーナーや社員、関係者を説得して、本気で協力をしてもらえるはずもないと思ったからです。

それに、金融マンだった頃から、さまざまな経営者を見てきましたが、なかには「経営方針」や「事業計画」といった経営の根幹にかかわるものを、自分で考えずに、誰かに丸投げしている人がいることに、ぼんやりとした違和感をもっていたこともあります。

もちろん、必要な「データ」や「情報」を誰かに準備してもらうというのはわかるんですが、経営者として掲げるべき「旗」を、自分の頭で考えようとしないというのは、ちょっとおかしいのではないかという気がしていたのです。

自分の「目」と「耳」と「足」で確認する

だから、僕は、自分なりに腹落ちするまで考え抜こうと思いました。

当初、球団サイドから示されていた「黒字化のために、コストカットを断行すべし」という方針に、「それもやむを得ないかな……」という感触をもってはいましたが、本当にそれでいいのか、座って考えていてもわからないので、自分の「目」と「耳」と「足」で確認することにしました。

多くの社員やスタッフと対話をしたり、球場を歩き回ったり、客席に座ってファンと一緒に観戦したり、社外のスポーツ・ビジネスの専門家の話を聞いたり、参考書を読んだり……。できる限りの行動をすることで、自分なりに急ピッチで思考を深めていったのです。

そのプロセスで、多くの気づきを得ることができました。

特に印象深かったのは、スポンサー企業とのパーティのあと、若手社員数人と一緒に居酒屋でお酒を飲んだときのことです。

初対面のメンバーばかりでしたが、僕は、みんなに「やりたいこととかないの？」と聞いてみたところ、全員が口々に「こんなことをやってみたい」「あんなことをやってみたい」「これをやりたくて楽天野球団に入社した」などと、さまざまなファン・サービスやイベント企画について楽しそうに話してくれました。

このとき、僕は光明を見出したような気がしました。こういうくだけた場所でざっくばらんに話すと、みんながイキイキと「夢」を語ってくれるのが僕にはとても嬉しかったし、この球団の可能性を信じられるような気がしたからです。

そして、僕が、「やりたいことがあるんだったら、やればいいじゃん。どうしてやらないの?」と尋ねると、みんなが驚いたような表情を浮かべて、「だって、コストがかかるから……」と言い淀みました。


その瞬間、「あれ?」と思いました。

もしかして、コストカットのせいで、社員たちが萎縮《いしゅく》しているのではないか、と。

そこで、このとき以降、さまざまな社員と対話をするときに探りを入れたところ、コストカットを意識しすぎている人が多いように感じられました。多くの若手社員は「やりたいこと」をするのではなく、コストカットを優先させることが自分に求められている仕事であり、新しいことはできないと思い込んでいたのです。もっと言えば、コストカットを〝言い訳〟に、社員たちが、新しいことにチャレンジせずに済ませているような側面もあるようにも感じました。

にもかかわらず、新社長である僕が、コストカットを断行すれば、社員のやる気の

「火」が消えてしまうかもしれない。リスクがあったとしても、新しいことにトライするからこそ、人材も組織も活性化するのだ。そう考えた僕は、球団を次のステップに進ませるために、「コストカットではなく、売上のトップラインを上げることで黒字化をめざす」と腹をくくったのです。

「一点張り」の経営は脆い

ただし、これだけでは「旗」にはなりません。

どうやって「売上のトップライン」を上げるのか？　その「手段」を明確にしなければなりません。ところが、スポーツ・ビジネスにおける「売上アップの手段」には、さまざまなものがありますから、ここで再び悩むことになるわけです。

まず、スポーツ・ビジネスですから、「勝つ」ことが最重要であるのは当然のことです。常に「優勝争い」に加わるようなチームにすることができれば、観戦チケットが売れ、テレビの視聴率も上がり、広告スポンサーも増えるなど、球団経営に大きなインパクトをもたらします。だから、売上を上げるために、「チームの強化」という

「手段」が重要なのは言うまでもないことです。

ただし、「チームの強化」一点張りの経営が脆いのも事実。実際、何十年も勝ち続けるチームというのは存在しません。勝ったり負けたりを繰り返すのがプロ野球ですから、「チームが弱い」ときにも、売上を上げる「手段」をもっておくことが不可欠。

つまり、ユニフォーム組（野球チームをマネジメントする社員）の努力に依存するのではなく、スーツ組（営業、広報、総務、会計などビジネス周りを担当する社員）が「稼ぐ力」を磨き上げる必要があるわけです。

では、どうやって「稼ぐ」のか？

ひとつの答えは、「放映権料」です。スポーツ・ビジネスの本場・アメリカにおいては、放映権料収入が球団などの収益の柱になっています。そして、その金額は日本よりも桁違いに大きい。見方を変えれば、日本のスポーツ・ビジネスにおいて、放映権料の「伸び代」は非常に大きいものがあると言えるわけです。

しかし、これは楽天野球団が単独でどうにかできる問題ではありません。なぜなら、アメリカの大リーグでは、リーグが全国放送の放映権などを一括管理することで、メディアに対する交渉力を強化。さらに、それによって得られる収益を全球団に均等配分する仕組みになっているからです。

ところが日本では、それぞれのチームごとに放映権の交渉をするスタイルですから、アメリカのようにはいきません。ましてや、当時の楽天野球団が単独で高額の放映権料を獲得することなど現実的ではなかったのです。

「本質」を掴めば、「答え」は見える

では、どうすればいいのか？

僕は、あの頃、自分のプロ野球の「原体験」を何度も思い出しました。

東京で生まれ育った僕が子どもの頃に、両親によく連れていかれたのは神宮球場。何歳のときだったかは覚えていませんが、親に手を引かれて、球場の薄暗い通路を歩き、短い階段をのぼり切った瞬間のことです。

ものすごく眩しい光が降り注ぎ、僕は思わず手の平で目を覆いました。それと同時に、ウワーッという地鳴りのような歓声に包まれ、「おおおお！　なんだこれは！」と言葉にならない感情が込み上げてきました。

あの「強烈にワクワクする感覚」は、いまだに生々しく覚えています。そして、あ

の瞬間に、「野球ってすごい！」「野球って面白い！」という感動が、僕の心の奥深くに刻み込まれたのです。

このワンシーンを何度も反芻《はんすう》するうちに、僕は、この「感動」や「ワクワク感」こそが、プロスポーツ・ビジネスの本質だと確信するようになりました（もっと言えば、あらゆるビジネスの本質かもしれません）。

なぜなら、僕は子どもの頃から今に至るまで、プロ野球ファンとして生きてきましたが、その原点には、あの瞬間の「感動」「ワクワク感」があるからです。それに、子どもが目を輝かせているのを見たら、親はものすごく嬉しくて、「また球場に連れて行こう」と必ず思うでしょう。

このように、「感動」「ワクワク感」など、なんらかのポジティブな「感情」を味わうために、僕たちはお金を払ってプロ野球を楽しもうとするのです。これは、僕自身の実感に基づいた「確信」でした。そして、楽天野球団に勤める社員・スタッフはひとり残らず、同じような「原体験」を持っているはずですから、僕の「確信」に共感してもらえるに違いないと考えました。

すべてが「好転」するキーポイントを探す

そこで、僕は、「観客動員数を増やすことによって、黒字化を達成する」という「旗」を掲げることにしました。

そのためには、お客さまに「感動」を提供しなければなりません。お客さまは「観戦チケット」を購入されているのではなく、球場で「感動」を味わうためにお金を支払ってくださっているからです。

もちろん、選手たちのプレーに「感動」を求める方が多いのは事実ですが、それだけではなく、球場でのイベントやファン・サービスに「感動」を求められる方もたくさんいらっしゃいます。

だから、ユニフォーム組もスーツ組も関係なく、全員が力を合わせて「感動」を提供することによって、「楽天野球団のファン」を増やして、常に球場が満席になることをめざすと決めたのです。

これを実現するためには、地道な積み重ねを続けるほかありませんから、決して効率的な「手段」ではありません。しかし、それが最も手堅い「正攻法」であることは間違いないと思えました。

日本のプロ野球球団の収入源は、「チケット代」「グッズ売上」「球場での飲食代」「広告スポンサー」「放映権」「ライツ」などですが、このうち「チケット代」「グッズ売上」「球場での飲食代」の3つで全体の50％強を占めます。「観客動員数」が増えれば、この3つはほぼ自動的に増えるわけですから、売上に大きなインパクトを与えるのは明らかです。

さらに、「広告スポンサー」「放映権」などの収益源も、いつも球場が満席になるような「人気球団」になれば自然と増えていきます。いきなり、スポンサー営業や放映権料の交渉に注力するよりも、まずは「観客動員数」を増やすことが重要なのです。

しかも、僕も大学時代の早慶戦で、数万人の観客で満員になった秩父宮ラグビー場でプレイしたことがありますが、アドレナリンが出まくって、身震いするほどの精神状態になります。そして、もてるポテンシャルのすべてが発揮されるような状態に自然となるのです。

つまり、「観客動員数」を増やすことで選手を鼓舞できれば、おそらくチームは強くなるということ。そしてチームが強くなれば、応援してくれるファンが増えて「観客動員数」も増えるはず。こうして、球団経営が好転することが期待できるわけです。

「実感」がこもるからこそ、「腹」が据わる

実は、この結論に至るまでに、そんなに時間はかかりませんでした。

一時は深く悩み、迷いましたが、最後はスパッと腹が決まったのです。

どちらかと言うと思い切りのいい性格というのもあるかもしれませんが、おそらく、それ以上に重要なのは、ロジックだけで考えずに、自分の「実感」に基づいて思考を深めたことではないかと思います。


子どもの頃に球場で感じた「感動」や「ワクワク感」には嘘も偽りもありません。自分自身でも、確実に信じることができる「実感」です。この「実感」がベースにあるからこそ、自分の思考に「確信」がもてるのでしょう。「決断」するためには、「ロジック」を積み重ねることも大切ですが、決定的に重要なのはこの「実感」だと思います。「実感」がこもるからこそ、「腹」が据わるのだと思うのです。

それに、一度掲げた「旗」が間違いだったら、別の「旗」に変えればいいという割り切りもありました。

もちろん、いい加減な気持ちで「旗」を掲げるなどというのは、リーダーとしてあるまじきことです。いや、そんな「旗」は、誰の心も打たず、ただの〝飾り物〟に終わるだけです。とはいえ、一度掲げた「旗」がうまく機能しないのに、メンツや周囲のネガティブな反応を恐れて、それに固執するのも間違いだと思います。

なぜなら、時事刻々と移り変わる世の中のニーズに対応し続けるためには、状況に不適合となった「旗」を変えることを恐れない勇気こそが重要だからです。

実際、実力派の経営者ほど「朝令暮改」という表現がぴったりするくらい、しょっちゅう「旗」を変えています。むしろ、「旗」を変えるのを躊躇しないからこそ、長年にわたって好業績を上げていらっしゃると言うべきでしょう。

「決断する勇気」を手に入れる方法

そもそも、「旗」とはあくまで「仮説」にすぎません。

一度掲げた「仮説（旗）」を全力で実行してみて、それが間違っていたことがわかっても落ち込む必要などありません。むしろ、ひとつの「可能性」が消えたわけで、やるべきことの「照準」が絞られたと捉えるべきです。そして、新たな「仮説（旗）」を立てて、再び全力を尽くす。その繰り返しによって、一歩ずつ「成功」へと近づいていくのだと思うのです。

幸いなことに、僕の場合は、約10年後に社長を退任するまで、同じ「旗」を掲げ続けることができましたが、それは「結果論」にすぎません。そのことに「価値」があるのではなく、覚悟をもって「旗」を掲げることによって、組織力を最大限に引き出すことが大切なのです。

リーダーになったばかりのときは、明確に「旗」を掲げることの重責を前に、思わずひるみそうになるかもしれません。だからこそ、僕は、ダメだったら「旗」を降ろせばいいと、正しく割り切る勇気をもつことが大事だと思っています。その勇気があるからこそ、「旗」を掲げる勇気と覚悟も固まるのです。

モチベーション

2「社員のやる気」こそ最大の資産
――働くのが楽しい「職場」をつくる

リーダーには絶妙な「距離感」が必要

社員に「敬意」を払う――。

メリルリンチで「偉そう」にして、部下から総スカンを食らった僕は、そう固く心に誓って楽天野球団に入社しました。

ただし、「敬意」を払うとは、妙に「謙《へりくだ》る」ことではありません。社長であろうが、部長であろうが、課長であろうが、一般社員であろうが、あくまで対等な人間として、本気で自分の意見をぶつけ合うことこそが、本当の意味で「相手に敬意を払う」ということ。だから僕は、僕の「正しい」と思うことは、ストレートに社員たちに伝えようと思っていました。

とはいえ、「言葉遣い」には気をつけていたつもりです。もちろん、〝男臭い〟ラグビーの世界で育ってきた僕が、猫撫で声で話しても気持ち悪いだけ。それに、そんな偽善的な手法で「関係性」を築こうとすること自体が、社員をみくびっているようなものです。だから、乱暴な言葉遣いにならないように気をつけつつ、あくまで「素の自分」で社員と接しようと思っていたのです。

ところが、当初の評判は、あまり芳しくなかったようです。

この本を書くために、当時の部下たちにいろいろヒアリングしたのですが、僕が入社した当初、社員たちは「とんでもない社長が来たぞ。なんか怒ってばっかりいるぞ。どうするよ?」などと囁き合っていたようです。それを聞いて、ちょっとショックでした……。

でも、たしかに、入社早々、何度か強い口調で注意したのは事実です。たとえば、社内に「優勝」を祈願する神棚を設けているのに、蜘蛛の巣が張っているような状態だったので、大声で叱ったことがあります。神棚を設けるなら、丁寧にお手入れをするべきでしょう。こういうのが、僕は大嫌いなんです。

それに、僕もラグビー選手だったからよくわかるんですが、どんなに練習をしても、どんなに準備をしても、勝利を確信することなどできません。だからこそ、最後の最後は「神頼み」になるわけです。逆に言えば、会社として本気で努力をしていれば、自然と神棚を綺麗にしようと思うはずなんです。

いや、それ以前に、「勝つ集団」というものは、自分の精神・肉体を含むすべてのものに神経が行き届き、すべてのものを正しく整えています。神棚に蜘蛛の巣が張っているのを、放置するなどということはあり得ないのです。

だから僕は、正直なところ、神棚を見た瞬間に腹が立った。そして、社員たちに向かって、「こんなことで、チームが勝てると思ってるのか?」と強い口調で言い放ったのです。

この考え方自体は、今も間違っていないと思っています。

だけど、もうちょっと丁寧な言い方をすべきだったかもしれません。いま改めて、反省をしているところです。

ただ、リーダーには、「凄み」や「怖さ」が必要なのも事実。僕自身、ラグビーの世界で、尊敬できる監督、キャプテン、先輩と出会ってきましたが、どなたも「優しい」だけではなく、「凄み」や「怖さ」も兼ね備えておられました。親しい間柄でありつつ、そこには絶妙な「距離感」があった。おそらく、こちらが「畏れ」のようなものを感じるからこそ、そこに「リーダーシップ」が生まれるのだと思うのです。

だから、しかるべきときに、ガツンと強い口調で注意することも、リーダーとして仕事をするうえで大事なことだとは思います。このあたりはなかなか難しいところで、やりすぎれば総スカンをくらうし、やらなすぎると軽んじられる。ちょうどいい「距離感」を身につけるには、経験を積み重ねるしかないのかもしれません……。

社長になってすぐに、「社員食堂」をオープンした理由

そんなわけで、僕としては丁寧に社員たちと接していたつもりだったのですが、実際には「とんでもない社長」と見なされて、警戒されていたというのが真相だったようです。

だけど、当時の僕は、「なんだか、みんなよそよそしいな……」とうっすらとは感じてはいましたが、それ以上深く考えることなく、「観客動員数を増やすことによって、黒字化を達成する」ために全力で走り出そうとしていました。

そして、すぐに着手したのが「社員食堂」の整備でした。

というのは、社長に就任してすぐに、ランチを食べに行こうとしたのですが、楽天野球団の事務所の周りには数店舗しかお店がなかったからです。

そこで、「みんな、どうしてんの?」と聞くと、多くの社員はお弁当を買ってきて、自分のデスクで食べていると言います。実際にその様子を見て、「これはあかん」と思いました。

毎日、仕事中もランチ中も自分のデスクに座っているわけですから、社内のごくごく限られたメンバーとしか会話していないということ。それじゃ、あまりにももったいない。せめてランチのときくらいは、社内のさまざまなメンバーと気軽にコミュニケーションを取ってほしい。そのほうが楽しいし、きっと「いいアイデア」も生まれると思うのです。

だから、僕は即座に「食堂をつくろう」と提案。目をつけたのが、お客さまのために、球場の中に整備していた「食堂」でした(球団事務所は球場に隣接)。

その「食堂」を使うのは、試合のある日だけだし、平日にデーゲームを行うこともまずありません。だったら、この「食堂」を「社員食堂」としても使えばいいと考えたわけです。「食堂」の設備はすでにありますから、話は早い。すぐに業者さんと相談して、あっという間に「社員食堂」をオープンすることができました。

我ながら、これが「大当たり」でした。

みんな喜んでくれましたし、食堂でみんなでワイワイご飯を食べることで、会社の雰囲気も明るくなりました。僕もなるべく食堂でご飯を食べるようにして、「どう？なんかいいアイデアある？」と声をかけたこともあって、僕に対して、なんとなくよそよそしかった社員たちの態度も、少しフレンドリーになったようにも感じました。

そして、そこから徐々に、僕と腹を割ってコミュニケーションを取ってくれる社員が増えていったように思います。組織が動き出したような感触があって、それがとても嬉しかったです。

「会社に行きたい」と思ってもらえているか？

僕には、もともと一つの確信がありました。

それは、リーダーになったら、真っ先に社員に喜んでもらうことをすべきだということ。「会社に行きたいな」「会社に来ると楽しいな」と思ってもらえるような環境を整えることが、何よりも大事だと思うのです。

これまで僕は、さまざまなオフィスにお邪魔してきましたが、大きく二つの職場に分けられると思っていました。快適な環境で、社員がイキイキと働いている職場と、なんとなく薄暗い雰囲気で、社員の元気もあまりないような職場の二つです。

そして、一時期は大きな利益を出していても、ブイブイ言わせてるのは社長だけで、社員は暗い雰囲気で働いているような会社はいずれ衰退していき、一時期は苦戦を強いられても、社員がイキイキとしている会社はいずれ大きく成長していく……。そんな法則が確実に働いているのを、この目で目撃してきたのです。

考えてみれば、当たり前のことです。

なぜなら、あらゆるビジネスはお客さまに喜んでいただくことで成長していきますが、お客さまを喜ばせるために働くのは社員たちにほかならないからです。つまり、お客さまを喜ばせるためには、まず社員に喜んでもらって、彼らの「やる気」を最大化させることが不可欠だと思います。

だから、会社を成長させたいのならば、まずは経営側から社員たちに「ギブ（投資）」するところから始める必要があります。そして、「社員のやる気」を高めることによって「成果」を上げてもらい、その「成果」に応じてさらに「ギブ」をするという好循環を生み出さなければならないのです。

社員に対する「投資」を怠ってはいけない

僕は、これを忠実に実行してきました。

ヴィッセル神戸の社長に就任したときには、すぐにオフィスを移転しました。当時のオフィスはベイエリアのサッカースタジアムのそばにあり、スタジアムの運営には適したロケーションだったのですが、都心部から離れていたために、毎日の通勤には不便だったうえに、日当たりが悪かったせいか、オフィスが暗く感じられたからです。

そこで、楽天本社と掛け合って、神戸の都心部にあるビルに移転。日当たりがよすぎて、職場が暑くて困りましたが、そのおかげで雰囲気はかなり明るくなった気がしました。それに、都心部のおしゃれなオフィスに勤めることを、誇らしく思ってくれる社員もいたようです。

あるいは、楽天野球団の社長になって3年目に新卒採用を始めたのですが、彼らには全員、スポーツ・ビジネスの本場であるアメリカへ研修旅行に行かせていました。

1週間の滞在期間中に、大リーグのみならず、アメリカン・フットボールやバスケットなどさまざまなスポーツ・ビジネスの現場を視察したり、関係者へのヒアリングをしたりするのです。

そして、帰国後、レポートを発表させるとともに、楽天野球団で実施するアイデアを提案させ、ひとりにつきひとつは必ず実行してもらうわけです。

当然のことながら、これには経費がかかります。

旅費だってかかりますし、一件のアイデアを実行するためにも予算が必要なうえに、それが失敗すれば「損失」を出すことにもなります。だけど、そうしたコストをはるかに上回る効果を生み出すことができると思います。

だって、本場で行われているクオリティの高いサービスを目の当たりにし、その仕掛け人たちの生の声に触れることで、彼らの「感性」に圧倒的な刺激を与えることができるからです。

しかも、そこには必ず「感動」があるはずです。そして、その「感動」は一生もつかもしれないんです。その大きな効果を考えれば、これほど効率のいい投資はそうそうないと思うんです。

もちろん、こうした「社員への投資」をすれば、100%リターンがあるとは言いません。なかには、「投資」をしても「やる気」を高めてくれない社員もいますし、「やる気」を出してくれても「成果」が伴わないことだってあります。

だけど、会社というものは、「人（社員）の集まり」ですから、その「人（社員）」に投資をすることなくして、リターンがもたらされることは100%ないと言うことはできると思います。

少なくとも、自分たちのために「投資」をしたリーダーに対して、歩み寄ろうとしてくれる社員は必ず現れます。そして、そういう社員たちと本気でコミュニケーションをとることで、必ず、会社を成長へと導く糸口は見つかると確信しています。

会社にとって最大の経営資源は「社員のやる気」です。

その経営資源を最大化するための「投資」をケチってはならないと思うのです。

3 リーダーに必要な「悪知恵」とは？

——楽しい「仕掛け」で組織文化を変える

社員に「経営者目線」を求めるのは〝甘え〟である

社員も「経営者目線」で考えろ——。

時々、このような言葉を耳にすることがあります。

たしかに、もしも「経営者目線」をもつ社員がいてくれれば、社長はずいぶん楽になるだろうなぁ、とは思います。だって、社長と社員が「同じ目線」をもっていれば、ツーカーで話が通じるし、「経営者の論理」で押し通すのも楽勝でできそうですから、社長にとってそんなに楽な話はないでしょう。

僕だって、正直なところ、「『経営者目線』をもってくれたらなぁ……」と思ったことはあります。

例えば、楽天野球団の社長になったときに、僕は「観客動員数を増やすことによって、黒字化を達成する」という「旗」を掲げたわけですが、実際のところ、ほとんどの社員は、「現在の観客動員数がどのくらいで、球団の売上がどのくらいで、利益はどうなっているか」など知らなかったし、ほとんど興味もなかったと思います。

だから、僕が「旗」を掲げたところで、「あ、そうですか」「で、どうすればいいの？」くらいの反応しか返ってきませんでした。要するに、「経営者目線」をもつ人は少なかったのです。

でも、これって当たり前のことですよね？

例えば、経理担当者は、日々、請求書や領収証など膨大な書類を処理したり、正確に記帳するために細かい数字と格闘したりといった業務に集中しているわけで、自分の業務には直接関係のない「観客動員数」など二の次、三の次になるのは仕方のないことでしょう。

そんな彼らに対して、「球団社員なんだから、観客動員数くらい把握しておくべきだ」などと正論を押しつけるのは簡単ですが、そんなことをしたって、数日間「観客動員数」をチェックしてくれれば御の字で、実際には、「こっちはめちゃくちゃ忙しいのに、うるさいこと言う社長だな」などと煙たがられるのがオチです。

いやむしろ、経理担当者には、まずはしっかりとした「経理担当者目線」をもって仕事に励んでもらうことが大切であって、彼らに「経営者目線」を押しつけようとするのは、単に社長の「甘え」、あるいは「リーダーシップの欠如」に過ぎないと思うのです。

「ゲーム」を仕掛けて、社員の「意識」を変える

では、どうすればいいのか？

僕が社長1年目に仕掛けたのは、「ゲーム化」でした。

その舞台は、社長に就任してすぐに整備した「社員食堂」。オープンした直後に、全社員に対して、こんなアナウンスをしたのです。

「社員食堂の料金は、変動制とします。あらかじめ観客動員数の目標を立て、達成で

きたら無料。達成できなかったら300円と定めます」

つまり、こういうルールです。

まず、年間の観客動員数の目標を定めたうえで、試合を行う曜日や開始時間、対戦相手の人気度などを勘案しつつ、一ゲームごとの動員目標数を設定。そして、累計動員数が目標値を上回っている間は「無料」で、下回っている間は「300円」をいただくというわけです。

正直、「300円」という料金も破格の安さであり、目標を達成できなかったからといって、社員の懐が大きく痛むことはありません。それでも、「お金がかかるか、無料か」の差は大きい。わずかばかりとは言え、実際に「支払うという行為」があるからこそ、社員たちに観客動員数を「自分ごと」にしてもらえると考えたのです。

この狙いは見事に当たりました。

やがて食堂では、経理担当、営業担当、広告担当など、あらゆる部署の社員たちが集まって、「昨日で目標数字を超えたから、今日から無料だよね」なんて会話で盛り上がるようになりました。

あるいは、試合が始まって「観客動員数」が伸びなかったら、「あと100人は入ってくれないと、明日からランチが有料になってしまう。なんとか、お客さまに来てもらえないかなぁ……」とあわてて策を練る社員も出始めました。

このように、「観客動員数によって、食事代が変動する」という仕掛けによって、ほとんどの社員が自らの意思で、「観客動員数」を意識するようになってくれたわけです。

それだけではありません。

社員食堂の予算は「無料」で組んでありますから、みんなが支払った「300円」は会社に戻すのではなく、「観客動員数」を増やすためのイベントなどの経費としてプールしていました。そうなると、その経費の「出し手」は会社だけではなく、一人ひとりの社員も「出し手」ということになります。

その結果、イベント担当だけが考えるのではなく、経理担当や広告担当なども、「こんなイベントはどう?」などとアイデアを出すようになる。そして、口を出せば、手も出したくなる。こうして、いろんな部署の社員が一緒に知恵を絞り、イベントのときには自ら手伝ったりするという現象が、起きるようになっていきました。

まさに、会社の「空気」が変わっていったのです。そして、僕が掲げた「観客動員数を増やすことによって、黒字化を達成する」という「旗」に向かって、社員たちが少しずつ動き出してくれるようになったのです。

ただし、一点、注意が必要なのは、こうした「ゲーム」はいずれ飽きられてしまうということです。社員たちの反応を観察しながら、新しい「ゲーム」を提案し続ける必要があるわけです。

「強制」するより、楽しい「悪知恵」を絞る

「すごくないですか？」

そう自慢したくなるくらい、この「ゲーム」はうまく機能しました。

僕は、子どもの頃から、こういうちょっとした「悪戯《いたずら》」が好きというか、「悪知恵」が働くというか、そういうところがありましたが、これが、経営にもおおいに活かせることを実感した瞬間でした。

そして、これも「リーダーシップ」のひとつだと思うんです。

「社員も『経営者目線』で考えろ」と言ってみたり、「当事者意識が足らん」と叱ってみせても、実のところは、社員たちに甘えようとしてるだけで、何一つものごとは前に進みません。それよりも、ちょっと「悪知恵」を働かせたほうがいい。

もちろん、全社員に「同じ目線」をもってもらい、「同じ目標」に向かってもらうのは簡単なことではありません。

だけど、社員たちに楽しんでもらえる「ゲーム」を考えることで、「当事者意識」をもってもらうことはできるはずです。ちょっとした「悪知恵」や「ユーモア」を働かせることで、何も強制することなく、社員たちが自発的に「意識」と「行動」を変えるきっかけを与えることは可能なのです。

剛腕を振るって、無理やり人を動かすことだけが、「リーダーシップ」ではありません。

社員たちに「ゲーム」を楽しんでもらうことで、組織を少しずつ動かしていくという形の「リーダーシップ」もあっていいのではないでしょうか。むしろ、こんな手法も含めて、「リーダーシップ」の「引き出し」をたくさんもっておくことが、リーダーには求められていると思うのです。

信頼関係

4 リーダーは「格好」をつけるな
――未熟なら未熟なりに「自分」をさらした方がいい

「社長室」に閉じこもったら終わり

社長室は絶対につくらない――。

僕は、楽天野球団の社長になるときに、そう固く誓っていました。

言うまでもなく、メリルリンチでの大失敗への反省があったからです。あのとき、僕は、豪華な個室にこもって、現場のメンバーたちとざっくばらんなコミュニケーションを、あえて取らないようにしていました。

自分に与えられたポストに舞い上がっていたということもありますが、それだけでなく、現場リーダーたちの邪魔をしないように、一歩引いたポジションに立とうと配慮したつもりだったのです。しかし、これは完全なる過ちでした。

なぜなら、部屋に閉じこもっていては、僕がどんな人間なのかが誰にもわからないからです。

皆さんも、ある人物が「社長になった」「部長になった」からといって、その人物の「人となり」に共感できるものがなければ、本当の意味で信頼することはできないのではないでしょうか？

そして、そんな人物から「社長命令だ」「部長命令だ」などと言われれば、組織人として対応しないわけにはいきませんが、そこに「やる気」など生まれるはずがありません。それどころか、内心では「反発」を覚えるのが自然な感情でしょう。人間とはそういう存在なのだということが、メリルリンチに入社した頃の僕には理解できていなかったのです。

長年勤めてきた会社での昇格であれば、周りの人々は僕の「人となり」はわかってくれていますから、個室に入ってもなんとかなったかもしれません。

だけど、メリルリンチに転職したときは、他社からいきなり〝落下傘〟で降りていったようなものですから、現場のメンバーからすれば、僕はただの〝よくわからないおじさん〟。そんな僕が、個室にこもって偉そうにするなど、〝自殺行為〟以外の何物でもなかったのです。

だから、この痛恨の失敗を二度と繰り返さないため、再び〝落下傘〟で楽天野球団に降りることになった僕は、社員と机を並べて一緒に働き、すべての社員とオープンなコミュニケーションを取ることで、取り繕うことなく「我が身」をさらして、よくも悪くも自分なりの「人となり」を伝えていこうと考えたのです。

リーダーだからといって、「賢いフリ」をしない

それで、どうなったか？

すでにお伝えしたように、僕としては丁寧な言葉遣いをしていたつもりだったのですが、取り繕うことなく「我が身」をさらした結果、社員たちは当初、「とんでもない社長が来たぞ。なんか怒ってばっかりいるぞ」などと囁き合っていたようです。要するに、2回目の落下傘降下も、決してうまくいったわけではなかったということだと思います。

だけど、僕は、反省点があるとは思いつつも、現時点においては、「あれでよかったんだ」と考えています。

あの時は、あれが僕の精一杯だったのだから、否定したところで意味がないですし、そもそも僕自身が心の底から「正しい」と思うことを主張し、「間違っている」と思うことは否定する以上のことは原理的にできないからです。

それに、未熟な僕には「粗《あら》さ」はあったにせよ、自分を包み隠さず表現することで、「しょうがねーなー」などと思われつつも、徐々に、僕という人間の「人となり」をそれなりに受け入れてもらえるようになったと思うのです。


むしろ、「リーダーとして恥ずかしくないように……」などと考えて、柄にもなく〝人格者〟ぶってみたり、澄ました顔で賢い振りをしてみたり、無理して格好つけようとしたりすることの方が、よっぽど危険ではないでしょうか？

そんな〝上《うわ》っ面《つら》〟を取り繕うようなことをしたって、部下たちはあっという間にリーダーの「嘘」を見破ってしまいます。そして、「こいつは口だけで、全然信用できない人間だ」などと烙印《らくいん》を押されたら、リーダーとして終わりだと思うのです。

格好をつけるから「致命傷」を負う

こんな出来事を見聞きしたことがあります。

取引先の有名な大企業から子会社に送り込まれた新任社長のAさんがいたのですが、その方は社長就任後すぐに全社員を集めて、こう言ったそうです。

「私は予算をもっています。業務上必要と認められるものはすべて実現しますから、なんでも必要なものをオーダーしてください」

社員たちは半信半疑ではありましたが、そのA社長が自信満々に発言を促すものですから、「そこまで言うなら」と要望を口々に伝えました。そして、A社長は、「わかりました。今日いただいたご要望はすべて実現したいと思います」と大見得を切ったそうです。

ところが、本社の役員会で提案すると、オーナー社長のBさんは言下に「何言ってるの？ そんなの無理に決まってるでしょ？」と一蹴。そして、A社長は、何事もなかったかのような顔をして、社員たちに対して釈明の一つもしないままやりすごしてしまったのです。

もちろん、それをわざわざ指摘する社員などいません。

しかし、これでA社長のリーダーシップは致命傷を負いました。それもやむを得ないのではないでしょうか。誰だって心の中で、「何なんだよ?」「もう信用できない」「都合が悪いことはダンマリを決め込むのか……」などと思ってしまうからです。それでは、「社長」という肩書きはあったとしても、リーダーシップを発揮するのが難しくなるのも仕方のないことでしょう。

もちろん、社員たちに「夢」を語る分にはいいと思いますが、「すべて実現します」と言ったからには、絶対に実行しないとダメ。ところが、A社長はBオーナーに一蹴されると、簡単に要望を引っ込めてしまった。せめて、ここで社員に正直に経緯を説明して謝罪したならば、その「正直さ」のおかげで、彼のリーダーシップの命運は首の皮一枚で繋がったかもしれません。ところが、おそらくA社長には、「謝罪」するなどという格好悪いことをする勇気がなかったのではないでしょうか。

そして、この話自体をなかったことにするという選択をすることで、メンツを守ろうとしてしまった。だけど、その結果、彼のリーダーシップは致命傷を負ってしまったのです。

自分とは違う〝人格者〟を演じない

だから、僕は、リーダーは格好をつけてはならないと思っています。

この世の中に完璧なリーダーなどいません。僕のようにちょっと乱暴なところがある人もいれば、おとなしくてリーダーとしてはちょっと押しの弱いと思われる人もいるでしょう。だけど、それでいいんです。それぞれが、欠点も含めて、あるがままの姿をメンバーの前にさらけ出すしかないんです。

むしろ、自分の「欠点」を覆い隠そうとしたり、自分とは違う〝人格者〟を演じようとしたりするのは逆効果。そんな「偽物」で騙そうとすること自体が、メンバーをみくびっている証拠だし、それこそが「不信」を買うきっかけになるのです。

それよりも、もっと根源的なことに向き合うことが大切だと思います。

「根源的」などと言うと難しく感じるかもしれませんが、要するに、幼稚園や小学生の頃に教えられた「人として正しいこと」を愚直にやり続けること。その「道」から外れないように、ちゃんと自らを律し続けることが大切だと思うのです。

例えば、次のようなことです。

「嘘をつかない」
「言い訳をしない」
「ごまかさない」
「人のいいところに着目する」
「人の手柄を横取りしない」
「自分の過ちを素直に認める」
「自分が間違っていたら謝る」

何を当たり前のことを……。
そう思われる方もいるかもしれません。
だけど、リーダーになったら難しいことをやろうとするよりも、まずは、こうした基本に徹することが大事ではないかと思うのです。

リーダーになって難しい課題に挑戦しようとするのはいいことだと思うのですが、そのためには、何はさておきメンバーから「この人は信頼できそうだな」と思ってもらえなければ何も始まりません。人間として「信頼」してもらわない限り、どんなに「正しいこと」を言っても聞き入れてはくれないのです。それは、僕があの「痛恨の失敗」で身をもって学んだことです。

逆に、こうした基本を徹底していれば、多少時間はかかったとしても、必ずメンバーはそれなりの「信頼感」をもってくれるはずです。

そして、「信頼関係」さえできれば、そこには楽しいコミュニケーションが成立するでしょうし、そのコミュニケーションを通して、チーム全体で「難しい目標に挑戦しよう」という機運も自然に生まれるのです。

だから、不完全な自分のままでいいから、「嘘をつかない」「言い訳をしない」といった基本を愚直に守ることが、リーダーとして仕事をする第一歩なのだと僕は思うのです。

第2章

部下に「頑張れ」と言ってはならない

能力

5 誰もが「結果」を出せる
――「2：6：2の法則」を正しく理解する

組織を成長させる「最大のエンジン」とは？

すべての人に「能力」がある――。

これは、いま現在の僕の確信です。

もちろん、自分が経営する会社で、人材を採用するときには、自社に必要な「能力」をもつかどうか、自社の企業文化に適合する「人間性」を備えているかどうか、といった観点で慎重に人物を見極めますが、そのときにも「すべての人に『能力』がある」という前提に変化はありません。

ましてや、一度採用した人物については、たとえ、なかなか仕事がうまくいかなかったとしても、よほど決定的な問題がない限り、「どうすれば、この人に『能力』を発揮してもらえるか？」という意識で向き合っているつもりです。リーダーがそのスタンスをぶれずに持ち続けることが、組織を成長させていく最も根源的なエンジンになるのではないかと思っているからです。

別に綺麗事を言いたいわけではありません。

というか、もともと僕は、こんなことを考えていなかったどころか、正反対と言ってもいい考え方をしていました。そして、正直に白状をすると、そういう間違った考え方をしていたことこそが、あの「痛恨の失敗」をした本質的な理由だったのではないかと反省しているのです。

では、僕はどういう考え方をしていたのか？

組織論でよく使われる「2：6：2の法則」を軸にご説明しましょう。

よく知られているとおり、「2：6：2の法則」とは、組織というものは、「優秀な成績を収める2割のメンバー」「普通の成績を収める6割のメンバー」「成績の悪い2割のメンバー」に分かれる傾向が強いというもの。そして、誤解を恐れずシンプルに言い切れば、かつての僕は、「下位2割」は入れ替えるべきだという考え方をしていたのです。

「下位2割は入れ替える」という考え方

僕は、それが外資系金融の基本スタンスだと思い込んでいました。

新卒でソロモン・ブラザーズに入社して以来、ゴールドマン・サックス、メリルリンチと外資系金融を渡り歩いてきましたが、そこで僕が自分にインプットしたのが、『2：6：2』の『下位2割』は入れ替えるのが常識」という考え方だったのです。

もちろん、この考え方には正しい一面もあります。

というのは、外資系金融に勤めるということは、日本で言うところの「正社員」として雇用されるのとは異なり、終身雇用は保証されない代わりに、好成績を上げたら高額の報酬が支払われるということだからです。

であれば、企業サイドに立てば、「下位2割」を入れ替える権利があるはずだし、そうすることに経営合理性もあると言えるでしょう。そして、それを受け入れたうえで、僕たちは外資系金融に入社しているわけですから、そこに問題はないと言ってよいのではないかと思います。

だから、僕は、その考え方を疑いもなく受け入れ、メリルリンチに入ったときにも、「担当部署の業績を上げるためには、下位2割を入れ替える必要があるだろう」と考えていたのです。

そこには、自分に対して「メリルリンチに入ったら、1年以内にリーダーとして結果を出さなければいけない」と勝手にプレッシャーをかけていたという側面もあったかもしれません。だからこそ、「下位2割を入れ替えるしかない」と思い詰めていたように思うのです。

だけど、今となれば、それは間違いだったと思います。

そもそも、メリルリンチに転職したとき、僕は、現場メンバーと一切の人間関係がないなか、〝落下傘〟で部門長として降り立ったわけですから、彼らにすれば〝敵〟にすぎませんでした。

その〝敵〟が腹のなかで「下位2割を入れ替える」などと考えていることなど、現場メンバーは即座に見抜くでしょう。そして、〝敵〟と認識した「僕という存在」に対して、精神的に強固な〝壁〟を構築して、最大限の防御態勢を取るのは当然のことだったのです。

しかも、僕は「自分の部屋」にこもってしまった。

そして、「2：6：2」の「上位2割」「中位6割」ともしっかりとコミュニケーションを取ろうとしませんでした。

僕自身は、「俺の力でメリルリンチのプレゼンスを高めてみせる。みんなついてこい！」などと内心でイキがっていましたが、実際には、自ら「孤立」への道を突き進んでいたということ。その後、僕は現場のメンバーから、決定的な不信感を突きつけられ、組織が機能不全に陥っているという現実に直面させられたことは、すでに書いたとおりです。

「愚かさ」と「悪」を分ける一線とは？

まさに自業自得――。

根本的な考え方が間違っていたために、自ら招いた大失敗でした。

　ただし、自分の「過ち」を素直に認められるようになったのは、メリルリンチを退職して以降のこと。恥ずかしい限りですが、在職中の僕はずっと、現場のメンバーたちに対して腹を立てていました。相手を責めることで、なんとか「自己正当化」をしようと虚しい努力をしていたのでしょう。

　しかし、退職すると徐々に心境の変化が訪れました。

　メリルリンチに「害」を与えようとしていたのならば、僕のやったことは「悪」というほかありませんが、僕の「メリルリンチに貢献したい」という思いに嘘偽りはありませんでした。だから、僕がしでかしたことは「愚かな間違い」ではありましたが、決して「悪」ではない。そう思えたことが、精神的な転機となったように思います。

　そして、僕は素直に、自分の「過ち」や「愚かさ」を認められるようになるとともに、むしろ、これは「未熟な自分」を見つめ直す好機なんだと考えられるようになったのです。

　自分の考え方の誤りにも気付かされました。

　その一つが、「2：6：2の法則」に対する理解の仕方です。

すでに書いたように、僕は、外資系金融においては、「『下位2割』は入れ替えるのが正義だ」と思い込んでいましたが、それは正確な理解ではなかったことに気づいたのです。

もちろん、外資系金融のなかでは「下位2割」を入れ替えるケースはしばしばありましたし、それを問題視する人もほとんどいなかったように思います。特に、ウォール街においては、それが「正義」であるかのように僕の目には映っていました。

しかし、よく目を凝らして観察すれば、それは必ずしも正しい理解ではないことがわかってきたのです。

というのは、ウォール街において、最高級の賛辞をもって讃えられるマネージャーは、単に「下位2割」を切り捨てるだけの「冷酷」な人物ではなく、いわゆる「人望」のある人物だったからです。部下のことを大切に思い、文字通り「家族同士で付き合う」ような関係性を築くとともに、それぞれの特性に応じて「能力」を発揮できるように導く……。

もちろん、そのような努力を重ねても、どうしても結果が出ない場合には、「人を入れ替える」という決断もします。しかし、その最終判断に至るまでには、丁寧なコミュニケーションを重ねて、人間同士の信頼関係を築く努力を怠らないのが、本当に優秀なマネージャーのあり方だったのです。

そのようなマネージャーには、多くのメンバーの「人望」が集まります。だからこそ、そのマネージャーを中心に、チームの活力が自然と高まっていき、大きな成果を上げることができるようになるのでしょう。

要するに、僕は「下位2割を入れ替える」ということを表面的に捉えていただけで、本当に大切なことが見えていなかったのです。そして、これこそが、メリルリンチで大失敗をしてしまった「根本的な理由」であり、この「考え方」を根本的に見つめ直さなければならないと強く思ったのです。

「やる気」さえ取り戻せば、誰もが「力」を発揮し始める

だから僕は、楽天野球団の社長に就任するときに、次のような「考え方」を徹底しようと心に決めました。

すべての人に「能力」がある。その「能力」を発揮してもらえるように、働きかけるのがリーダーの役割。たとえ、いまは活躍できてなかったとしても、きっかけさえつかめば誰でも「やる気」を取り戻すに違いない。そして、「やる気」さえ取り戻せば、誰だって「結果」を出すことができるようになるのだ——。

ただし、「2：6：2」の「下位2割」に手をかけすぎて、「上位2割」「中位6割」のケアに手が回らないのは本末転倒です。

そこで、まずは「上位2割」「中位6割」のサポートに注力することで、組織を活性化させることを優先。その機運に刺激を受けた「下位2割」にチャンスを提供し、なんらかの「結果」を出してもらうことができれば、きっと「やる気」を取り戻してくれるはず。このようなプロセスで、「2：6：2」の全体を底上げしていくことをめざしたのです。

もちろん、すべてがうまくいったわけではないかもしれません。

だけど、僕は何人もの社員が、見違えるように溌剌《はつらつ》と「能力」を発揮するようになり、会社にとって欠かせない人材へと成長・再生していく姿を目撃することができました。そして、その姿を目の当たりにしたことで、僕自身が人間として、リーダーとして、成長させていただけたのだと思います。本当にありがたいことだと、当時の社員たちに感謝しています。

コーチング

6 「引き出し」をたくさんもつ

——部下の「やる気」のスイッチを入れる方法

「やる気」のスイッチは、本人にしか押せない

「やる気」さえ取り戻せば、誰でも「結果」を出せるようになる——。

僕はそう考えています。仕事をするうえでは、「能力」や「知識」や「スキル」なども大切ですが、「やる気」がなければ〝宝の持ち腐れ〟。逆に、「やる気」さえ取り戻せば、「能力」や「知識」や「スキル」などは、いくらでもつけることができるのです。

だから、リーダーはメンバーの「能力」を高めるために、あれこれと教える（ティーチング）することも必要ではありますが、より根本的に重要なのは、メンバーの

「やる気」に火をつけることだと思うのです。

ただ、ここにパラドックスがあります。

というのは、人間というものは、自分でしか「やる気」のスイッチを押すことができないからです。いくらリーダーがあれこれと働きかけたところで、本人が「その気」にならなければ何も変わらない。結局のところ、どこまで行っても本人次第だと思うのです。

あのダルビッシュ有投手から興味深いお話を聞いたことがあります。

彼は中学生の頃からものすごい選手だったので、数多くの高校からスカウトが来たそうですが、結局、彼が選んだのは東北高等学校。「なんでそこを選んだの？」と聞いたら、「とにかく自由そうでよかったからです」とおっしゃいます。

その東北高等学校では、伸び伸びと練習されたようですが、1年生の秋からエースに就き、甲子園には4度出場。優勝こそ逃したものの、準優勝、準々優勝を達成するなど、華々しい活躍をされました。

卒業後は北海道日本ハムファイターズに入団しましたが、自分の限界を超えるような練習はしなかったようです。それでも、彼の類い稀な才能と身体能力を活かして、1年目から活躍はしていましたが、ある日突然、変化が訪れたといいます。

試合終了後、ホテルの部屋で休んでいるときに、ふと「俺、このままでいいのかな?」と思ったというのです。そして、「よし、変わろう」と思い立って、いきなり「筋肉」の勉強を始めたそうです。

この瞬間に突如、ダルビッシュ投手の「やる気」にスイッチが入ったわけですが、「それがなぜ起きたのか?」は本人もよくわからないようです。ともあれ、いまや彼は、アスリートのなかでも、人間の筋肉についての知識量はトップクラス。それが、現在に至る輝かしい実績を支えているのは間違いないと思います。

僕はこのお話に、僭越ながら強いリアリティを感じました。

ダルビッシュ投手がおっしゃるように、何をきっかけにスイッチが入ったのかは、自分ですらわからないものだと思うからです。おそらく、自分の意思で「やる気」のスイッチを押すというよりも、何かの拍子に勝手にスイッチがオンになるというのが正確な表現なような気がするのです。

「評論家」ではなく「伴走者」であれ

つまり、「やる気出せよ」「がんばろうぜ」などと声をかければ、メンバーの「やる気」のスイッチが入るなどという簡単な話ではないのです。

むしろ、そんな妄想をもとに安直な働きかけをしても、メンバーが「やる気」を出さないことにイライラしてしまい、かえって雰囲気を悪くしてしまうことの方が多いのではないでしょうか？

最悪なのは、「評論家」になることです。

これは、楽天野球団のコーチの方々にもよくお願いしたことですが、「あの選手のここが悪い」「あそこが悪い」などと論評することには全く意味がありません。そんな〝上から目線〟で決めつけるようなことをしていたって、選手が「やる気」のスイッチを押してくれるはずがないからです。むしろ、そんな「評論家」に対しては、心を閉ざしてしまうだけでしょう。

そうではなく、リーダーはあくまでも「伴走者」の立ち位置で、いろいろな働きかけをしながら、「これはどうだ?」「あれ、ダメか……」「じゃ、これでどうだ?」などと試行錯誤をするプロセスを楽しみながら、自分も「当事者」になって一緒にやっていくことが大切だと思います。

では、リーダーはどんな働きかけをすればいいのか?

僕は、これに「答え」はないと思っています。どんなアプローチが効果的かは、相手にもよるし、シチュエーションにもよりますから、「これ」と特定できるようなものはないからです。

それに、先ほどのダルビッシュ投手のエピソードでもわかるように、「何をきっかけにスイッチが入ったのか」は本人にすら特定することはできないのですから、「これが〝答え〟です」などと言うことはできないと思うのです。

リーダーはたくさん「引き出し」をもて

だから、僕なりに意識しているのは、「引き出し」をたくさんもつことです。

たくさんある「引き出し」から、いろいろな「道具」を取り出して、それを試してみるのです。

そのどれかひとつの「道具」がメンバーの気持ちを動かして、スイッチを押してくれることもあるかもしれないし、いろんなアプローチを積み重ねることで、あるとき気持ちに変化が生まれるかもしれない。それはわからないのですが、とにかく、あの手この手でアプローチを仕掛けるために、たくさんの「引き出し」をもっておくことが大事だと思うのです。

僕の「引き出し」をいくつかご紹介しましょう。

まず、欠かせないのが「目標」です。

メンバーにとって「ちょっとハードルの高い目標」を設定するのです。最初は「そんなの無理ですよ」といった反応を示すことが多いのですが、さりげなくサポートすることで、なんとかその「目標」を達成することができると、「自信」がつくためか、自然と「やる気」にスイッチが入ることが多いと思うのです。

僕が社長を務めている廻鮮寿司「塩釜港」仙台店の店長の話をご紹介しましょう。

彼は、もともと本店で寿司を握っていた若手の職人さんでしたが、仙台店を出店するにあたって店長に抜擢。ところが、非常に短期間での出店を強行したこともあって現場は大混乱。パニック状態のままオープン初日を迎えることになりました。

今では笑い話ですが、開店当日、お客さまでごった返したためにお昼の「賄《まかな》い」がつくれず、スタッフから不満の声が上がったときには、店長自ら「働くのをボイコットします」と言い出したこともあります。彼をなだめるのに一苦労しましたが、彼は職人経験しかなかったわけで、スタッフの不満を抑える方法がわからないのも当然のことではありました。

「問い」を立てて、一緒に「答え」を探す

そして、オープンから5ヶ月ほど経った頃、仙台店の人件費がかなり高くなっていたので、僕は「人件費比率を30％に下げる」という目標を彼に与えました。

ところが、「人件費比率を下げる」と言われても、彼にはどうすればいいかわかりません。ここで具体的な指示を与えたくなるのをグッとこらえて、「どうしたら、人件費を下げられると思う？」などと問いかけることが大事です。

すると、「一度に入るアルバイトさんの数を減らすとか？」などと彼なりに「答え」を探し始めます。とはいえ、「でも、そんなことをしたら、みんな忙しくなるから無理ですよ」などと自ら否定したりもします。

そこでさらに、「アルバイトさんを減らしても、忙しくならない方法はない？」「ほら、今だって、職人さんの手が空いてるけど、ホールは忙しそうだよね？」などと問い掛けを重ねることで、彼の思考をどんどん深めていってもらうのです。

そうすれば、いずれアイデアに辿り着きます。

当時、職人さんは寿司を握るだけ、ホールのスタッフは注文を取るだけといった形で、役割分担がきっちり分かれていましたが、手が空いているときは、職人さんが注文をとってもいいし、ホールのスタッフが皿を洗ってもいい。そうやってみんなで助け合えば、人件費比率はもっと下げることができると気づいたりするのです。

もちろん、これを実行に移すためには、スタッフ全員の協力を引き出さなければなりませんから、店長ひとりでは「壁」にぶつかることもあります。だから、創業者である鎌田秀也会長と柳香正人執行役員のふたりに、現場で寄り添いながら粘り強く店長をサポートしてもらいました。

そして、徐々に人件費比率が下がってくると、店長もそこに面白さを感じるようになります。しかも、人件費比率が下がれば「利益」が出ますから、ボーナスを増やしたり、基本給を上げたりすることもできます。

こうして「実益」を実感できるようになったら、店長も目の色が変わってきます。そして、人件費比率だけではなく、「利益」を出すためにはどうすればいいか、自ら考え始めるようになる。こうして、自分の力で「壁」を打ち破ってくれるようになるのです。

こうすれば、リーダーはもっと「楽」になれる

ただし、「目標」だけでは足りません。

というか、時には、頑張っても「目標」を達成することができないこともありますから、そんなときに「目標」というアプローチだけだと心が折れてしまうことにもなりかねません。

そこで、僕は「刺激」を与えることが多いです。

たとえば、「塩釜港」の店長たちを東京の一流店に連れていくと、寿司の旨さはもちろん、お店の空間そのものの快適さ、行き届いた掃除、お客さまに声をかけるタイミングや話題の選択などなど、ありとあらゆることが「刺激」となり、「一流はここまでするのか！」という「感動」が生まれます（寿司の素人である僕ももちろん勉強になります）。この「感動」が原動力となって、「うちのお店も、もっとこうしたい」という思いが生まれ、成長し始めると思うのです。

あるいは、上場企業の社長などとの会食に同席してもらう、というのも効果的だと思います。

これは楽天野球団の社長だった頃によくやったことですが、会食に若手社員を同席させて、そういう方々との会話を聞いてもらうだけでも、ものすごい「刺激」になるのです。

当たり前ですよね？　上場企業の社長と、社会に出たばかりの若者では、見えている世界が違いますから、まず間違いなく度肝を抜かれるわけです。そして、上場企業の社長が、この世の中をどんな視点で見ているのか、時事的な問題についてどういう意見をもっているのか、人生に何を求めているのか、といったことに触れるだけで、

「意識レベル」が違ってくると思うのです。

このような感じで、僕なりにいくつもの「引き出し」をもっておいて、状況に応じて最適と思われる「アプローチ」をしていくわけですが、それがうまくハマッて、「やる気」のスイッチを押してくれたときは、おそらくリーダーにとって最も嬉しくて、楽しくて、やり甲斐を感じる瞬間ではないかと思います。

実際、「塩釜港」仙台店の店長も、いまでは見違えるように成長してくれました。店長に抜擢したときとは「目の色」が全く違う、そして「見ている世界」が違うと思うんです。

僕は、社長に就任したときからずっと、「塩釜から仙台へ、仙台から東京へ、東京から世界に出て行こう。そして、世界中から塩釜に寿司を食べに来てもらおう」と夢を語っていましたが、当初は「なにわけのわかんないこと言ってんだよ」という感じだったのが、今では、その夢に一緒に乗ってくれていると実感できるのです。

ミーティングをやっていても、以前は「受け身」だったのですが、「もっとこうしたい」「次の課題はこれだと思うんです」などと積極的になり、しかも、僕があれこれ言わなくても、自らどんどん動いていってくれるようになりました。

さらに、仙台店のことだけではなく、僕が思い描いている「塩釜港」の将来ビジョンを踏まえつつ、「こんなこともやってみたいですね」などと熱く語ってくれるようになったのです。


これには、僕自身、目を見張る思いです。

やっぱり、「やる気」のスイッチさえ押してくれれば、人はどんどん成長していくんだと、ちょっと感動すら覚えます。しかも、こうして成長するメンバーが現れると、リーダーはどんどん楽になります。

なぜなら、僕があれこれ言わなくても、彼がどんどん自走してくれるわけですし、彼の「やる気」がほかのメンバーにも乗り移って、組織全体も好転し始めるからです。

こうした組織の好循環を生み出せれば、あとは「慣性の法則」が働くから、リーダーはどんどん身軽になる。そして、未来に向けた取り組みに邁進できる環境が整うというわけです。

俯瞰力

7 ビジネスに必要なのは「センス」である

――自分が置かれた状況を「俯瞰」できるメンバーを育てる

「気が利く」という重要スキルを磨く

商売人（ビジネスマン）として成功するために大切な能力は何か？

それには実にさまざまなものがあると思いますが、僕が個人的にすごく大事だと思っている能力があります。

ちょっと小難しく言うと、「いま自分が置かれている環境・状況を俯瞰的に理解して、そこで自分が何をやればみんながハッピーになるかを考え、実行する能力」です。まぁ、要するに「気が利く」ということなんですが、これだけではよくわからないですよね？　そこで、僕がたまたま遭遇したシーンを紹介しながら、具体的に考えてみたいと思います。

これは、僕が旅行したときに目撃した出来事です。

ある空港で昼食をとるために、小さな飲食店に入ろうとしたのですが、ランチタイムだったこともあって、20〜30分ほど並んで、ようやく前から2組目にまで進むことができました。

ところが、店内を見て驚きました。というのは、カウンターのみ6席のお店なのですが、そのうち真ん中の2席にお客さまが座っているだけで、右端2席と左端2席の計4席が空席だったからです。僕の前に並んでいるのは3人家族（ご夫婦と赤ん坊）でしたから、両親のどちらかが赤ん坊を抱っこすれば、左右どちらかの2席にすぐに着席できるはず。ところが、若い店員さんは3人家族を案内する素振りすら見せませんでした。

どういうこと？

僕がそう怪訝《けげん》に思った瞬間、前に並んでいるお父さんが、「空いてる席に座ってもいいですか？」と店員さんに聞きました。

すると驚いたことに、その店員さんは「3名さまですので、3席をご用意できるまでお待ちいただけませんか?」と言うではないですか。「え? どういうこと?」と思いますよね?

そのお父さんも驚きを隠さず、「いやいや、僕が赤ん坊を抱っこすれば、2席で足りますよね?」と尋ねると、店員さんは「お子様用の椅子をご用意しますので、3席空くまでお待ちください」と返事。頑ななまでに席に通そうとしませんでした。

お客さまの立場からすれば、〝謎ルール〟としか言いようがありませんが、それがお店の方針だとすれば仕方ないのかもしれません。

でも、だったら着席しているお客さまの席を一つズレてもらって3席をつくるなど、店員さんができることはあると思うのですが、そんな素振りも全く見せません。お父さんも、あきらめ顔で立ち尽くしていました。

「センス」を磨いた人はどこでも活躍できる

これには、僕もがっかりしました。

そして、心のなかでこう思わずにはいられませんでした。

「お客さまの立場からしたら、席が空いているのに待たされるのはキツイよな……。どうしたってイライラしてしまう。お店のルールがあるのかもしれないけど、もうちょっとうまくやってくれればいいのに……」

要するに、僕はこのとき、「いま自分が置かれている環境・状況を俯瞰的に理解して、そこで自分が何をやればみんながハッピーになるかを考え、実行してほしい」と思ったわけです。そして、古来から日本人は、それを「気が利かない」と表現してきたように思うのです。

誤解していただきたくないのですが、僕は決して、その店員さんを責めたいわけではありません。

むしろ、ちょっと気の毒に思うのです。なぜなら、きっと彼は、しっかり会社のルールやマニュアルを守っていたのだと思うからです。もしかすると、「ルールやマニュアルから外れることをしてはならない」という指示を受けているのかもしれません。そうだとしたら、店員さんとしては、あのような対応をするほかないわけで、問題なのはお店の経営者（リーダー）ということになるはずです。

では、経営者はどうすべきなのか？

僕には〝謎ルール〟にしか見えませんでしたが、あのルールができたのにはそれなりの理由があったのでしょう。であれば、経営者として、そのルールを店員が守るように求めるのは当然のことです。

だけど、僕があのお店の経営者だったら、そのルールにこだわりすぎることで、お客さまに不快な思いをさせることのないように、店員には指導すると思います。商売（ビジネス）においては、ルールも大切ですが、お客さまの気持ちも大切。置かれた状況に応じて、「ルール」と「お客さまの気持ち」のバランスをとる「センス」を磨いてもらうことが重要だと思うのです。

そうでなければ、先ほどのケースのように、不快な思いをさせられたお客さまは、二度とそのお店には行こうとは思わないでしょう。つまり、商売（ビジネス）を成功させるためには、状況に応じて「気を利かせる」ことができるメンバーを育てることが必須条件となるわけです。

そして、仕事を通して、そういう「センス」が磨かれた人は、どんな職場に行っても活躍できるはず。その意味でも、社員やスタッフに「気を利かせる」ことの大切さを伝えるのは、リーダーのすごく重要な仕事だと思うのです。

僕が「炎天下の球場」で社員を叱った理由

僕はそういう考えでしたから、楽天野球団の社長として、「気の利かない」社員がいたら、たとえ嫌われようがお構いなしに、その場で厳しく指導するように心がけていました。

たとえば、こんなことがありました。

２０１７年、楽天野球団は、地元の醸造元とともに「EAGLES BEER」という地ビールを開発したのですが、これが開幕から大好評。気温が上がっていくにつれ、売れ行きはどんどんと伸びていきました。

そして、ある晴れた日曜日に行われたデーゲームでのこと。その日は朝から気温が高かったため、いつも以上に多くの「EAGLES BEER」を準備していたのですが、売れ行きはその予想をはるかに上回りました。気がつくと、売り場の前にはお客さまの長蛇の列。炎天下のもと、皆さん暑さに耐えながら並んでくださっていたのです。

しかし、その売り場を仕切っている数人の社員たちは、それに気づかず、お客さまそっちのけで、「苦労して開発した『EAGLES BEER』を求めて、こんなにも多くの人が並んでくれている」と喜び合っていました。そこで、僕は厳しい口調で注意しました。

「この炎天下でお客さまを並ばせておいて、何を喜んでいるんだ！」

「嫌われる」のもリーダーの仕事

もちろん、「苦労が報われた」と喜ぶメンバーの気持ちは痛いほどわかります。「EAGLES BEER」の開発を開幕に間に合わせるために、メンバーがどれほどの苦労をしていたか、僕はよく知っていたからです。

だけど、それは仕事が終わったあと、飲み会でもやって、喜びを分かち合えばいいこと。今まさに炎天下の中、長時間並んでいるお客さまにしてみれば、「EAGLES

BEER」の開発にどれほどの苦労があったかなど知ったことではありません。お客さまの思いはただひとつ。「早くビールが飲みたい」です。

また、あえて行列をつくることで、商売を繁盛させるという手法があるのも事実ですが、球場に来ているお客さまは「野球」を観に来ているわけですから、ビールを買うために「並んでいただく」のはNG。なるべく早く観客席に戻っていただけるように、僕たちは全力をあげる必要があるわけです。

そういう状況にあることを俯瞰することができたならば、売り場をアルバイトさんに任せっきりにするのではなく、社員たちは1秒でも早く手伝いに駆けつけるはずです。あるいは、お客さまに日陰で並んでいただけるように、大急ぎでテントを設営してもいいかもしれません。

それに、ビール売り場のそばには、グッズ売り場があったのですが、その時間帯は、お客さまがほとんどいらっしゃいませんでした。お客さまにしてみれば、すぐそばに暇そうにしているスタッフがいれば、「こっちに来て、さっさとビールを注いでくれよ」と思うのが人情でしょう。

ならば、グッズ売り場に配置していたアルバイトさんに、ビール売り場の方に回ってもらうこともできたはず。「ビール売り場に何人、グッズ売り場に何人」とアルバイトさんの配置を決めていたとしても、状況に応じて臨機応変に配置を変えるのが、現場を仕切る社員の務めなのです。

それこそが、「いま自分が置かれている環境・状況を俯瞰的に理解して、そこで自分が何をやればみんながハッピーになるかを考え、実行する」ことだと僕は思います。そして、このように「気を利かす」ことができなければ、お客さまに喜んでいただくことはできません。逆に、「気を利かせる社員」がたくさんいれば、お客さまの満足度は高まり、「また、この球場に遊びに来たい」と思っていただけるはずなのです。

そのことをわかってほしくて、僕は、同じような状況に遭遇するたびに、何度も何度もしつこく社員たちを注意し続けました。

多分、「また、社長怒ってるよ……」と思われたに違いありません。だけど、それもリーダーの仕事のうちだと思います。なぜなら、「気を利かせられる人材」「センスのある人材」になってもらうことこそが、一人ひとりの社員のためだし、会社のためでもあるからです。そのために、ちょっと嫌われることは、リーダーにとって「本望」だと思うんです。

自走力

8 「仕事の楽しさ」を体感した人は強い

――永遠に辿り着けない「完璧」を追求し続ける組織をつくる

「終わらない仕事はない」のか、「仕事に終わりはない」のか？

「終わらない仕事はない」

この言葉に救われた人は意外と多いのではないでしょうか？

きつい仕事を任されて、プレッシャーとストレスに苛《さいな》まれながら、いつ終わるとも知れない作業を続けていると、誰だって心が折れそうになるときがあるものです。

そんなときに、信頼できる人物に「終わらない仕事はない」と励まされて、「そうだ。いまはつらいけれど、一歩ずつ前に進み続ければ、必ず仕事は終わる」と気持ちを立て直したことがある人はいらっしゃるかと思います。

僕は、この言葉には真実味があると思っています。

たしかに、通常のビジネスにおいては、いかに過酷な目標を課されたとしても、それを達成すれば仕事は終わりますし、どんなに頑張ってもその目標を達成することができなければ、どこかのタイミングで「中止」「撤退」という判断がくだされるはずです。

その意味で、「終わらない仕事はない」という言葉は間違いなく真理ですし、状況次第ではありますが、難しい目標を前に苦しんでいるメンバーを励ますために、リーダーがこの言葉をかけるのが有意義な場面はあると思います。

だけど、逆もまた真です。

つまり、「仕事に終わりはない」という言葉も真理だと思うのです。

というか、僕自身は、この言葉のほうが、「よい仕事」「楽しい仕事」をするためにはより重要性が高いと考えています。

もちろん、あらゆる仕事は、当初設定した目標を達成すれば、いったんは「終了」します。しかし、この世に「完璧な仕事」というものは存在しません。完成したかに見える仕事でも、そこには必ず問題点があるのです。

であれば、僕たちに求められているのは、いったん完了した仕事の問題点を見出し、それを改善し続けること。そうして、商品やサービスを磨き上げていくことこそが、仕事の本当の「面白さ」「楽しさ」であり、そのプロセスを最速で回し続ける組織だけが生き残ることができると思うのです。

「チケットを売ったら、終わり」ではない

だから、僕は、楽天野球団社長として社員たちに、「仕事に終わりはない」「もっと考えてほしい」「現状に満足せず、さらによい状態をめざしてほしい」というメッセージを出し続けていました。


その一例をご紹介しましょう。

そもそものきっかけは、僕が仙台の球場で観戦していたときに、ある光景を目にしたことにあります。

ゲームはすでに終盤に差し掛かっていたのですが、それまでお客さまで埋まってい

たはずの内野指定席の一角に、100席をゆうに超える空席がぽっかりと出来ている
ことに気づいたのです。それに気づいた瞬間、僕は思わず唖然としました。
「これはまずい」と思った僕は、空席ができた理由を社員に確認しました。
するとその一角は修学旅行生が座っていたのですが、午後8時を過ぎたために、
校則に則ってホテルに帰ったのだと言います。しかも、あっけらかんとした表情で…
…。これに僕は、ちょっとだけカチンときました。

もちろん、校則なのだから修学旅行生が帰るのは仕方のないことだし、その席のチ
ケットは売れているわけですから、その時点で社員たちの仕事は「完了している」と
考えるのは、当然と言えば当然のことです。だけど、だからと言って、何の対策も考
えようとしないのは、球団社員としてはいただけない……そう思ったわけです。

そこで僕は、担当部署のメンバーを集めて、「チケットを売ったら終わりじゃない。
仕事に終わりなんてない。もっと考えなきゃだめだ」と訴えたうえで、対策を一緒に
考えました。僕が腹案として持っていたのは、こんなアイデアです。

僕はよく、試合中に球場の周りを歩いてお客さまの様子を観察したり、お客さまの

目線で球場がどう見えるかを想像したりしていましたから、いつも、チケットを買えなかったから入場はできないけれど、球場の雰囲気を楽しみたいというファンの方々が、ユニフォームを着て集まってくれていることを知っていました。

だから、修学旅行生が帰った後の座席に、そんなファンの皆さんを「無料」か「廉価」で座ってもらえればいいんじゃないか、と考えたのです。

なぜなら、そこまでして楽天を応援してくださる熱心なファンの方々は、僕たちにとって「宝物」のような存在だからです。そんな皆さんに対して、「無料」「廉価」で入場してもらうというサービスができたら、心の底から喜んでくださるに違いありません。

しかも、皆さんはものすごく熱心なファンですから、ぽっかりと出来た空席を単に埋めるだけではなく、球場のテンションを一気に高めるような熱い応援をしてくれるはずです。

その結果、選手のモチベーションが高まり、他のお客さまたちも再び盛り上がってくれるでしょうし、その様子がテレビ中継されれば、「楽しそうだな。今度、球場に応援しに行こうか」と思ってくださる視聴者が増えるかもしれない……。

それに、これが実現できれば、いろいろな可能性が広がると思いました。

たとえば、20時くらいから入場できる「廉価チケット」を売り出すことができれば、仕事の都合で試合開始時間には間に合わないサラリーマンが、「だったら、ビールを飲みながら観戦するか」などと思ってくださるかもしれませんよね？

「黒」を「白」にする

ただし、これを実現するのは簡単ではありません。

まず、お客さまがチケットをご購入いただくということは、お客さまが試合終了までその座席を占有する「権利」を買い上げるということにほかなりません。

ですから、修学旅行生が帰ったとしても、座席を占有する「権利」はあくまでもお客さまがもっているということ。その断りもなく、僕たち球団が勝手に他のファンに座席を開放することはできません。

そこで、僕たちは、修学旅行生（学校）がチケットをまとめて購入いただける段階で、試合途中で退席した場合には、球団が「ご購入いただいた座席」を再販売（あるいは無料開放）できるオプションを提示することができないかと考え始めました。「黒（違法）」を「白（合法）」に変えるために、法律的な観点から検討を開始したわけです。


それだけではありません。

オペレーション的にも実現可能性を検証する必要がありました。

たとえば、修学旅行生の退席が5回のタイミングなのか、8回のタイミングなのかによっても状況は変わってきます。

5回という中盤に、チケットをもたないファンを無料で入場してもらえば、普通にチケットを購入して観戦している一般のお客さまから「不公平だ」というクレームが入る可能性があるでしょう。だから、5回の場合であれば、「廉価販売」にした方がいいのかもしれません。

一方、8回など終盤であれば、「廉価販売」であっても入場を躊躇するファンの方も大勢いるでしょう。であれば、「無料」で入場いただくのが適切と言えるでしょうし、それであれば、一般のお客さまもそれほど不公平感をもたれないかもしれません。

というわけで、状況に応じて、「無料入場」か「廉価販売」を選択できるようにした方がよさそうだという判断になるわけですが、その場合には厄介な問題が生じます。というのは、状況に応じて臨機応変に入場料金を変更できるように、券売機のシステムを変更する必要があるからです。

つまり、「妙案」ではあったのですが、それを実現するまでには、越えなければならないハードルがいくつもたちはだかっていたということ。

しかも、残念なことに、この検討を始めた矢先にコロナ禍が発生したために、それどころではなくなってしまい、手作業でさばける程度の廉価チケットを販売するくらいのことはできましたが、システム変更などの大きな改修を実現させることはできませんでした。僕にとっては、心残りな案件なのです。

「自走する社員」を生み出すたったひとつの方法

もちろん、これはほんの一例です。

僕は、これ以外にも、社員たちが「完了」したと思っている仕事であっても、「お客さまにとってこれは不便じゃないか?」「こうすればもっと喜ばれるのでは?」ということが見つかれば、一切の遠慮なく指摘。おそらく、社員のなかには「またかよ……」「めんどくせー……」などと不評を買ったこともあったと思いますが、そんなことはお構いなしに「もっと考えろ」と言い続けました。

なぜなら、それこそ、仕事を楽しむ「王道」だと思うからです。

繰り返しますが、この世に「完璧な仕事」など存在しません。完成したかに見える仕事でも、必ず「問題点」や「改善点」はあります。それに気づいて、手を加えていくことで、永遠にたどり着くことのない「完璧な状態」を志向し続けること。これこそが、「仕事をする」ということなのだと思うのです。

そして、そのような「仕事」を続けていれば、いつか必ず、多くのお客さまに喜んでいただけていることを実感できる瞬間が訪れます。そのとき、僕たちは「この仕事をやってきてよかった!」「仕事って面白い!」と腹の底から思うことができるようになるのです。

一度でもそういう経験をした人は強い。

お客さまに喜んでいただける「楽しさ」が原動力となって、自らの「仕事」を見つめ直し、常に「改善」すべく自走し始めるからです。

だから、僕は多少嫌われても、「完了した仕事」の「改善点」を指摘して、社員たちに仕事の本当の「楽しさ」に気づいてもらうのが、リーダーの大切な役割ではないかと思うのです。

本気

9 部下に「頑張れ」と言ってはならない

――部下を「その気」にさせるたったひとつの方法

「どれだけお金をかけてもいいから、球場を満員にしてみろ」

球場を満員にする――。

僕は楽天野球団の社長になってすぐに、この「旗」を掲げたわけですが、正直なところ、どうすれば「満員」にできるのかわかりませんでした。それは、社員たちも同様でした。というか、「球場を満員にする」という「旗」を見ても、なんとなくピンときてないようで、僕には、それがすごくもどかしく感じられました。

「殿様商売」になっているじゃないか、とさえ思いました。

スーツ組は、「チームが勝てば、お客さまが来てくれる」「チームが勝てないんだから、客席がガラガラでもしょうがない」と考えているのではないか？　さらには、「いざとなれば、親会社である楽天が助けてくれる」と考えているのではないか？だから、「なんとしても満員にしよう」という気迫に欠けるのではないか？　僕の心のなかに、そんな疑念がふつふつと湧き上がったのです。

そこで、営業部長だった森井誠之さん（現・楽天野球団社長）に、「今年のシーズン中にどうしても満員にしたい。どうすればいい？」と聞いてみました。

というのは、球場が満員になったときに、何が起こるのか全く見えてなかったからです。ファンが押し寄せても、安全面に問題はないか？　どのくらいグッズが売れて、どのくらいビールが売れるのか？　こうしたことが、何一つわからなかった。これでは、作戦の立てようもないから、「今年のシーズン中にどうしても満員にしたい」と強く要請したのです。

すると、彼はこう答えました。

「無料で招待すれば満員にできます。他球団はやってますよ」

それまで、楽天野球団としては「無料招待券」はNGだったために、「満員」にすることができなかったというわけです。そこで、僕はこのような指示をしました。

「だったら、やってみてよ。無料招待券を使ってもいいから、満員にしてみせてくれ。広告を出してもいい。お金が多少かかってもいいから、とにかく満員にするんだ」

一部の営業マンからは「招待券を使うなんて、私たちのプライドが許さない」などと反発する声も上がりましたが、「プライド、プライドと言いながら、球場に空席があるじゃないか。プライドがあるんなら、満員にしてみせてくれ」と僕は一蹴。いわば、僕は社員全員に喧嘩を売るような形になったわけです。

いい加減な「慰め」は残酷である

「正直、楽勝だと思った」

これは、後になって、森井さんに聞いた言葉です。つまり、「招待券」を使っていいなら、楽勝で「満員」にできると思ったということです。

実際、彼らは「満員」にすべく、懸命に動き回ってくれました。だけど、結果は惨敗。あれだけ「招待券」をばら撒いて、広告費も使ったにもかかわらず、客足は重く、

「満員」には程遠い結果に終わったのです。

厳しいようですが、僕は「招待券を配っても、満員にできないじゃないか。それが、今の俺たちの実力なんだよ」とはっきりと口にしました。いい加減な「慰め」をするのではなく、厳しい現実から目をそらさず、しっかりと受け止めることが、すべての出発点になると思ったからです。

森井さんも、「もう格好つけてる場合じゃなかった。あのとき現実を突きつけられて、満員にする策を必死になって考えるようになった。あれが、僕たちの本当のスタートだった」と当時のことを振り返っていましたが、僕も、同じ思いでした。

あのとき僕は、彼らに厳しい言葉を投げかけましたが、もちろん、彼らを傷つけたかったわけではありません。

そうではなく、まずは、自分たちの「実力」を直視したうえで、これから一緒に「満員の球場」を実現するために知恵を絞って、汗をかこうという気持ちでいました。そして、僕はリーダーとしてみんなを奮い立たせなければなりませんでした。

そのためには、どうすればいいのか？

「頑張れ」とか、「君たちにはできる」とか、そういった言葉を投げかけるのは簡単ですが、そんなことで「本気」を引き出せるほど人間は簡単ではないことくらいはわかっています。そんなときに、思い出したのが宿澤広朗さんのことでした。

宿澤広朗という稀有な人物

宿澤広朗――。

若い人は、この名前を知らないかもしれません。

だけど、僕たちの世代にとっては、「ヒーロー」と言ってもいい存在でした。

早稲田大学ラグビー部のレギュラーとして、2年連続となる日本一に貢献したほか、大学2年のときにはラグビー日本代表にも選出。その後、住友銀行（現・三井住友銀行）に入行し、着々と実績を積み上げ、ある時期には、ご自分が任された部署で、三井住友銀行の収益の約半分を上げるほどの大活躍をされました。

その間、ラグビー日本代表監督も務め、世界最高峰の強豪スコットランドを相手に「大金星」をあげるなど輝かしい実績をあげる一方、銀行では、当時の銀行業界では異例のスピードで、常務執行役員、専務執行役員と出世。しかし、いよいよ頭取かというタイミングだった２００６年に惜しくも急逝。まさに「文武両道」を絵に描いたような人生を歩んだ、稀有な人物が宿澤広朗さんなのです。

僕が宿澤さんと初めて出会ったのは、30歳になるかならないかという頃のこと。ゴールドマン・サックスで営業マンをしていた僕は、当時、まったく取引関係のなかった三井住友銀行に営業をかけようと画策。同行のキーマンのひとりだった宿澤さんがラガーマンだったこともあり、あまたある「業者」のひとりとしてアプローチをかけたのです。

当初は、ほとんど相手にされませんでしたが、毎日のようにご連絡を差し上げ、さまざまな「情報」をお伝えするうちに、徐々に可愛がってくださるようになりました。そして、親しくお付き合いをさせていただけるようになると、僕は、その才覚とお人柄に完全に魅了されてしまいました。ビジネスを超えて、心から尊敬する存在になったのです。

もちろん、だからと言って、宿澤さんがゴールドマン・サックスが有利になるように、社内で口をきいてくださるわけではありません。

だけど、宿澤さんに可愛がられている「存在」であることが、僕の営業活動をおおいに後押ししてくれました。そして、気がつけば、当初はほとんど取引がゼロだったのに、ゴールドマン・サックスと巨額の取引をしていただけるようになっていました。

しかも、これは宿澤さんがお亡くなりになったあとに、ある人物から教えていただいたことですが、宿澤さんは、ゴールドマン・サックスの僕の上司に、「立花を昇格させてくれ」と言ってくださったそうです。その意味でも、僕の大恩人なのです。

「頑張れ」という言葉は無力である

そして、自信を失った楽天野球団の社員たちを前に、僕は宿澤さんの言葉を思い出していました。それは、宿澤さんのご著作である『TEST　MATCH』（講談社）で、日本代表監督時代のことを振り返りながら記された、こんな一節です。

「〝絶対に勝て〟とか〝死ぬ気でがんばれ〟とか言うのは比較的やさしいことである。また、そのような言葉で選手の気力を向上させることも容易な場合がある。

しかし本当に必要なことは、〝絶対に勝て〟ということより〝どうやって〟勝つのかを考え指導することであり、〝頑張れ〟というなら〝どこでどのように〟具体的にかつ理論的に〝頑張る〟のか指示することではないだろうか」

この言葉には「重み」があります。

なぜなら、宿澤さんは、ラグビー日本代表監督として、まさにこれを実践することで、強豪スコットランドを破るという「大金星」を挙げたからです。その経緯を簡単にご紹介しましょう。

宿澤さんが代表監督に就任したのは１９８９年2月のこと。

その監督就任記者会見で、間近に迫っていたスコットランドとのテストマッチ（ラグビーにおいて国同士が威信をかけて戦う真剣勝負）について、「スコットランドには勝てると思います」と発言。ちょっとした物議をかもしました。

というのは、スコットランドは、世界ラグビーの最高峰に位置する強豪だったからです。１９７1年以来、スコットランドをはじめとする強豪国とテストマッチを重ねてきた日本ですが、ただの一度も勝ったことがありませんでした。しかも、１００点差をつけられての惨敗も珍しくなかったのです。

「こうすれば勝てる」という確信を伝え続ける

しかし、宿澤さんは単に「大口」を叩いたわけではありませんでした。

スコットランド代表を徹底的に研究した結果、相手の弱点を徹底的に突くとともに、日本の強みを最大限に発揮することで勝機を見出せると判断していたのです。


どういうことか?

スコットランドは巨漢揃いですから、日本が力負けすると考えるのが普通ですが、宿澤さんは、そこに勝機を見出しました。

日本のフォワードにタックルの強い選手を並べ、スコットランドの巨漢のフォワードのスピードが乗る前に、その動きを封じ込める。そのうえで、俊敏さで上回る日本のバックスがトライを狙う戦術を徹底できれば、5割の確率で勝てるとはじき出したのです。

ただし、問題は選手たちを「その気」にさせることでした。

なぜなら、スコットランドは完全なる「格上」。全員が、「勝てるはずがない」と固く思い込んでいたのが実情だったからです。初めて代表選手を集めてミーティングをしたときも、宿澤さんが「スコットランドに勝てる」と断言すると、全員がびっくりしたような顔をしていたそうです。

そこで、宿澤さんは、「〝どうやって〟勝つのか」を何度も繰り返し、選手たちに伝え続けたと言います。

スコットランドの過去の試合のビデオを見せながら、相手の「弱点」を理解させたり、来日したスコットランド代表の試合を見に行って、宿澤さんの言うとおりの「戦い方」をしていることを共有したり、あらゆる機会を捉えて「〝どうやって〟勝つのか」を伝え続けました。

さらに、その「戦術」に基づいた練習を徹底的に行うことで、徐々に選手たちの「顔つき」が変わっていったそうです。「自分たちが得ている情報は正しい」「練習どおりのプレイができれば、スコットランドの弱点を突くことができる」ことが実感できるようになり、「俺たちは勝てる」という自信が備わっていったというのです。

歴史的勝利の「舞台裏」

そして、5月28日の試合当日——。

秩父宮ラグビー場には約3万人のサポーターが駆けつけ、異様な熱気に包まれたそうです。

そんななか、日本代表チームは大善戦。後半に入って日本がまさかのリードを奪うと、名誉にかけて負けるわけにはいかないスコットランドの巨漢フォワードが、鬼の形相で波状攻撃を仕掛けてきました。しかし、日本人選手が練習通りのタックルで防戦して、なんと逆転を阻止。ついに日本チームは、28－24で歴史的な勝利を収めたのです。

ラグビーファンにとっては、まさに悲願達成。

いまだに語り継がれる「大金星」ですが、その背景には、「スコットランドに勝てるはずがない」と思い込んでいた選手たちを「その気」にさせた、宿澤さんのリーダーシップがあったのです。

そして、宿澤さんは、選手たちに「絶対に勝て」とか「死ぬ気で頑張れ」と言った精神論で鼓舞しようとはしませんでした。そうではなく、「〝どうやって〟勝つのか」を明らかにして、それを繰り返し選手たちに伝えるとともに、そのための練習を徹底的に行なったのです。

僕は、これはビジネスでも同じだと思います。

自信をなくした部下がいると、ついつい僕たちは、「頑張れ」「負けるな」「大丈夫」などの声がけに終始しがちですが、そんな精神論など何の薬にもなりません。それで、自信を取り戻すことができるならば、リーダーなんて楽なものです。それは一見、リーダーが鼓舞しているように見えますが、実際のところは、リーダーのフリをしているに過ぎないのではないでしょうか。

それよりも、「〝どうやって〟勝つのか」「〝どうやって〟結果を出すのか」を、リーダーの責任で明らかにすることが大切だと思います。

そして、それを徹底的に部下に伝え、実践を促す。それを積み重ねることで、「あ、

これ、行けるかも！」という感触をもったときにはじめて、部下は「自信」と「やる気」を取り戻してくれるのです

リーダーにとって「最大の楽しみ」とは？

「では、俺はどうすればいい？」

「招待券」を配っても「満員」にできなかった社員たちを前に、僕は自問自答しました。もちろん、球団経営の〝初心者〟だった僕には、宿澤さんのように「〝どうやって〟勝つのか」を明確に思い描くことはできません。だけど、これだけは言えると思いました。

「俺たちは、チケットを売ってるんじゃない。『ワクワク』や『感動』を売っているんだ。そして、球団にとって一番のコンテンツは試合であり、選手のプレイにほかならない。その素晴らしさをもっとお客さまに伝えていかなければならない。

だけど野球は、勝ったり負けたりするもので、いつでも『ワクワク』してもらえるわけではない。だから、『楽しいイベント』『おいしい食事』『綺麗なスタジアム』な

どをアピールしていく必要もあるだろう。

愚直にそういう努力を積み重ねれば、きっと球団のファンになってくださる方は増えるはず。そして、必ず球場を満席にできるに違いない」

その第一弾となったのが、「ポスター貼り」です。

２０１３年シーズンの開幕直前に、「4月2日ホーム開幕！」と大書したポスターを大量に印刷。スカウト陣を含めた全社員を動員して、仙台市内の会社や飲食店に「ポスターを貼ってください」と頭を下げて回ることにしたのです。

もちろん、社長である僕が率先して頭を下げて回りました。営業マンとして負けるわけにはいかないと、気合いを入れて「お願いします！」と町中を行脚《あんぎゃ》しました。

こうした取り組みは、球団創設以来初めてのこと。おそらく、他の球団でもやったことがなかったのではないでしょうか。だからこそ、地元のテレビも面白がって取り上げてくれたりもしました。

これが、社員たちにもたらした効果は大きかったと思います。

まず、数多くの方々と会話をさせていただくことで、一度も球場に来たことがない人が、こんなにもたくさんいることを実感できたことが大きかった。楽天野球団が提供できる「感動」と「ワクワク」を積極的にお伝えしていけば、もっと多くの方々にファンになっていただける可能性があることがわかったからです。

しかも、いろいろな方々にお声がけをしたことで、それなりの手応えもありました。けんもほろろに追い返されるようなこともありましたが、快くポスターを貼ってくださる会社や飲食店もたくさんありましたし、その場でチケットを買ってくださる方もいらっしゃいました。さらに、お知り合いにも「楽天野球団が頑張ってるから、応援に行ってあげてよ」などと声がけしてくださる方もいらっしゃいました。

そして、シーズンが開幕すると、尻上がりに観客動員数は増加。積極的に楽天野球団の魅力を伝えることによって、観客動員数が増えることを実感することで、社員たちも少しずつ「その気」になっていきました。

そして、「こんなことをやったら、お客さまは感動してくれるのでは？」などと、徐々に、社員たちからの提案が増えていきました。

もちろん、思惑通りにいかないことも多いですが、ずっとやり続けることで、少しずつ「成功体験」が増加。そうなると、あのときのラグビー日本代表選手と同じように、社員たちの「顔つき」が変わっていきます。「自分たちの力で、球場を満員にできる」という自信が芽生えるのです。

ここまでくれば、あとは現場の「自発性」に任せることで、どんどん「結果」が出始めるはずです。だから、リーダーは一歩引いて、大きな方向性をコントロールするポジションに立てばよいと思います。

ただし、社員たちが「自信」をもって動き出すきっかけは、リーダーが提供しなければなりません。そして、その方法はただ一つ。「〝どうやって〟勝つのか」を提示して、実践を通して社員たちに「成功体験」をさせることです。僕は、それこそが、リーダーの「最大の楽しみ」ではないかと思っています。そして、宿澤さんも、きっとそうだったはずだと想像しているのです。

10 「失敗」するから「成功」する

――メンバーが思い切ったチャレンジができる「状況」を整える

「失敗を恐れるな」は本当か？

「失敗」とどう向き合うか？

これも、リーダーにとっては重要な課題です。

当たり前のことですが、経営とは、ヒト・モノ・カネなどの「リソース」を投資して、何らかの「価値」を生み出す活動のことです。そして、投入した「リソース」を超える「リターン（利益）」を得て、それを再投資することで新たな「価値」を生み出す。この循環運動のことを経営と呼ぶのだと思います。

つまり、投資に見合う「価値」を生むことに失敗したり、投資に見合う「リターン（利益）」を得ることに失敗したりすることが続けば、いずれ経営は立ち行かなくなるということ。だから、リーダーが「失敗」を恐れるのは当然のことです。

そもそも、お客さまに喜んでいただくのは、決して簡単なことではありません。お客さまの気持ちを深く思いやって、工夫に工夫を重ねなければ、世の中に「価値」を提供することなどできないでしょう。そういう意味では、社員・部下に対して、安易に「失敗を恐れるな」などと言うのは、無責任と言うべきなのかもしれません。

とはいえ、「失敗」を過剰に恐れると、深刻な弊害を生み出すでしょう。

なぜなら、これも当たり前のことですが、あらゆるプロジェクトは結局のところ「やってみなければ、どうなるかわからない」からです。

もちろん、事前にあらゆる角度から検証して、「成功確率」を見極めるとともに、それを高める努力をすることは不可欠ですが、お客さまに喜んでいただけるかどうか（「価値」を提供できるかどうか）、その「人間心理」を１００％予測することなど不可能。完全にリスクを避けることなどできっこないのです。

にもかかわらず、「失敗」を過剰に恐れると、何もできなくなってしまいます。極端なことを言えば、「何もやらないのが正解」という経営になりかねないのです。要するに「投資」をしないわけですから、当然のことながら「価値」も「リターン」も得られないというわけです。

リーダーの「本質的な仕事」とは何か？

だから、僕はこう考えています。

リーダーの本質的な仕事とは「リスクを取る」ことである、と。

ただし、闇雲《やみくも》に「リスクを取る」のは、〝ただのバカ〟でしょう。

だから、リーダーに求められるのは、「どの範囲のリスクなら許容できるか」を明確にもっておくことではないでしょうか。そのために、僕が意識しているのは、次の3つです。

第一に、そのプロジェクトにどのくらいの「成功確率」があるかということ。当たり前のことですが、どう考えても「成功」しなさそうな企画に、限りある「リソース」を投入するわけにはいきません。

だから、部下から提案があったら、僕はさまざまな観点から、かなり厳しいツッコミを入れるようにしていました。おそらく、すんなり「GOサイン」を出したのは2

〜3割ほどで、大半は突き返して再検討を求めました。もちろん、それは嫌がらせをしたかったわけではなく、「成功確率」をできる限り高めるためです。とはいえ、100%の「成功確率」などということは原理的にあり得ませんから、感覚的ではありますが、50〜70%の「成功確率」だと思えたら、僕は「GOサイン」を出すようにしていました。

第二に、「失敗」したときのリスクの程度です。失敗したときに、最大でどの程度の「損失」になるのかを概算したうえで、それが経営的に許容できるかどうかを判断。「成功したときのリターン」と「失敗したときのロス（損失）」を比較して、そのバランスが適正かどうかという観点も重要でしょう。ともあれ、想定される「損失」が許容できる範囲内にあり、ある程度の「成功確率」が見込まれるのであれば、「GOサイン」を出してよいと判断できるわけです。

第三に、世の中の「常識」「良識」に反しないかということです。どんなに「成功確率」が高くて、失敗したときの「損失」も許容できるとしても、世の中の「常識」「良識」に反することは絶対にしてはなりません。

自社にとって「リターン」があるからと言って、「お客さまのためにならない」ことをしてはならないのは当然ですが、たとえ「お客さまのためになる」ことであっても、なんらかの「コンプライアンス」に抵触したり、世の中の「常識」「良識」に反したりすることはやるべきではありません。

ここまで述べてきた3つのポイントを軸に、「どの範囲のリスクなら許容できるか」を明確にしておけば、リーダーはそれほど迷うことなく「決断」ができるのではないでしょうか。

なるべく早く「失敗」したほうがいい

そして、リーダーが「やる」と決めたら、部下には「失敗」を恐れずに、思いっきり「挑戦」させてあげる。いや、僕はむしろ、なるべく早く「失敗」してもらったほうがいい、とすら考えています。

もちろん、これは業種にもよると思います。ひとつのプロジェクトに多額の投資がかかる業種では、そういうわけにはいかないでしょう。

しかし、球団経営の場合は、日々、さまざまなイベントをやって、お客さまに「感動」を届けるのが「主戦場」となります。つまり、一つひとつのプロジェクトにそれほど大きな投資がかかるわけではありませんから、慎重になりすぎるよりも、とにかくチャレンジをしたほうがいい。そして、なるべく早く「失敗」をして、どんどん修正していくのが、「正解」に最速で辿りつく方法だと思うのです。

そんな考えでしたから、僕たちは無数の「小さな失敗」をしてきました。

ひとつエピソードをご紹介しましょう。ある社員が、アイドルグループを球場に呼んで、試合前と5回終了後のグラウンド整備の間に一曲歌ってもらうという、集客イベントを企画したときのことです。

この提案を聞いた僕は、面白いアイデアだと思いました。当時はまだ、球場に空席が目立つ日が多かったので、いかに野球に興味のない方々に球場に来ていただけるか、そして、そういう方々に野球の面白さを感じてもらうかが僕たちの大きなテーマだったからです。

その観点から考えると、アイドルのファンに球場に来ていただくことによって、新しい楽天ファンを増やす可能性がおおいにある――。そう考えた僕は、「GOサイン」

を出したのです。

「失敗」するから「成功」に近づく

ところが、その期待は裏切られてしまいます。

いや、滑り出しはよかったんです。そのアイドルの若いファンのみなさんがたくさん球場に来てくださり、試合開始前のステージに黄色い歓声を上げてくれたのです。いつもの球場とは違う「華やかな雰囲気」を、他のお客さまも楽しんでくださっていたように見えました。

でも、そこには〝落とし穴〟がありました。5回終了後のステージが終わると、約1000人のアイドルのファンが一斉に席を立ってしまったのです。ポコッと約1000人の座席が空いてしまい、それまで華やかな雰囲気だっただけに、なおさら「寂寥感《せきりょうかん》」が漂う結果を招いてしまったのです。

明らかに、このプロジェクトは「失敗」。そして、その原因も明白でした。僕たちは、アイドル目当てであっても、せっかく球場に来て試合を見ているのだから、最後まで野球を楽しんでくれるだろうと思い込んでいたのですが、それはあまりにも甘い見通しだったのです。

とはいえ、「狙い」はよかった。

だから、僕たちは、前回の「失敗」を踏まえて、再度、チャレンジをしました。

今度は、アイドルのステージを、試合前、5回終了後、そして、試合終了後の3回やってもらうことにしたのです。しかも、試合中は、アイドルも一緒に楽天野球団を応援していただけるようにお願いしました。

すると、今度は見事に成功。

たくさんのアイドルのファンが駆けつけてくれたうえに、アイドルと一緒に野球を一生懸命応援してくださいました。しかも、試合終了後のステージまでおひとりも席を立たず、「初めてプロ野球を観戦したけど、すごく楽しかった」といった感想をたくさん寄せてくださいました。

プロ野球に全く興味のなかった人が、アイドルのおかげで球場に訪れ、その中から数%でも「また、楽天の応援に行ってみるか!」と思ってもらえたのなら大成功。その手応えを十分に感じさせる、最高のイベントとなったのです。

このように、可能性のある企画はとにかくやってみる。

そして、なるべく早く「失敗」したほうがいいのです。

大事なのは、「失敗」を素直に反省して、「改善」をしたうえで再チャレンジすること。そのサイクルをスピード感をもって回すことこそが、最速で「正解」に辿り着く方法なのです。

もちろん、実際にやってみると、企画自体が全く的外れだったことがわかることもあります。

だけど、それはそれでいいのです。

一つの「可能性」が消えたことがはっきりしたわけで、それ以外のアイデアを試してみればいい。

とにかく、グズグズ考えているよりも、トライしてみることが重要だと思うのです。

そして、リーダーの仕事は、社員や部下が安心して思い切ったチャレンジができる「状況」を整えてあげることです。そのために必要なのは、「どの範囲なら、失敗するリスクを許容できる」のかを明確にすること。その「範囲内」であれば、社員たちにはどんどんチャレンジしてもらえばいいのです。

もちろん、その「失敗」の責任をとるのはリーダーです。そこから逃げてはならないと思います。だけど、そんなに恐れることはないはずです。事前に、しっかりと「どの範囲のリスクなら許容できるか」を考えておけば、それほど「大きな失敗」にはならないのですから。

第3章

「雑巾掛け」こそがリーダーの仕事

敬意

11 社内の「壁」を壊す

――〝Respect each other.〟という言葉に込めた思い

なぜ、営業部が頭を下げなければならないのか？

楽天野球団の社長になって驚いたことがあります。

スーツ組（営業、広報、総務、会計などビジネス周りを担当する社員）とユニフォーム組（野球チームをマネジメントしたり、選手の採用・トレードなど担当するスカウト陣をはじめとする、野球チームをマネジメントする社員）の間に、ものすごく分厚い「壁」が存在していたのです。

もちろん、部門間の「壁」というものは、組織には避け難く起きる問題であって、僕自身、これまでさんざん経験してきたものです。だけど、当時の楽天野球団は、「壁」というよりも、「断絶」と呼んでもいいほどの状況でした。

楽天野球団事務所が入っている建物の2階にユニフォーム組が入り、3階にスーツ組が入っていたのですが、スーツ組が2階を訪れることすらできなかったのです。そして、それが球団経営に大きな弊害をもたらしていました。

たとえば、選手のサインひとつもらうのも大事《おおごと》でした。

楽天野球団に多額の出資をしてくださっているスポンサーさんから、ある選手のサインボールを頼まれたとします。

すると、依頼を受けた営業マンから上司である営業部長に伝達され、営業部長がチーム側の管理部長に依頼。管理部長からその選手のマネージャーに伝達され、そのマネージャーから選手にサインを書くように指示が出されます。サインひとつもらうために、これだけのフローを経なければならないのです。

これが、プロ野球の〝ど素人〟だった僕には不思議なことに思えました。

なぜなら、管理部長が首を縦に振らないと、営業部は、サインをはじめとするファンサービスを選手に依頼することすらできないからです。

球団収益を支えてくださっている大スポンサーの依頼を受けるかどうかは、管理部長の一存にかかっているわけで、営業部としては、管理部長に対して平身低頭して頼み込むしかありません。そこに、理不尽な「上下関係」が生じてしまっているように見えたのです。

部署間の「壁」が組織をダメにする

だから、僕は、「どうして、そんな面倒な手続きを踏むんですか？」と管理部長に率直に尋ねました。

すると、「選手を守るためだ」と言います。営業マンがそれぞれ勝手に選手にファンサービスを頼みにいくようなことになれば、選手が野球に集中することができなくなる。だから、管理部長が一元管理をしているというわけです。

たしかに、それは一理あります。

選手の中には、「ファンあってこそのプロ野球」と考えて、ファンサービスに積極的だったり、「試合ができるのはスポンサーのおかげ」と考えて、スポンサーの要望にもできるだけ応えようとしてくれる選手もいますが、そのために、野球に対する集中力が散漫になったり、練習不足になったりするのは問題だと思います。

しかし、だからと言って、チーム側の代弁者である管理部が、決定権限をもつことに正当性があるとは思えませんでした。しかも、選手を守るために、基本的に「ファンサービスは受けない」という方針でいました。それが、プロ野球の長い歴史で培われてきた「伝統」だというのです。

僕は、その説明を重く受け止めましたが、それでも納得はできませんでした。アマチュアスポーツならいざしらず、僕たちがやっているのはプロスポーツ。ファンやスポンサーあっての球団経営であり、球団経営が成り立つからこそ「野球」ができるのです。だから、「選手を守る」ことと、「ファンやスポンサーにサービスする」ことのバランスを取る方法を探るべきだと思いました。

そこで僕は、管理部長と何度も話し合いを持ちました。

「黒字化」という目標を達成するためには、監督、コーチ、選手たちにも協力してもらって、ファンやスポンサーへのサービスを強化する必要があることを丁寧に説明。

それまで、彼はスーツ組の部長級で行っていた定例会議にも参加していませんでしたが、まずは、そこに参加してほしいと依頼しました。

そのような場で、球団の経営課題やキャッシュフローなどを理解してもらって、「黒字化」に向けて力を合わせてほしかったからです。ところが、なかなか顔を出してはくれませんでした。


その原因をつくったのは、もしかしたら僕だったのかもしれません。というのは、少々、営業部の肩をもちすぎていたかもしれないからです。

営業マンは必死になって頭を下げて、スポンサーとの関係性を深めようと努力しているのです。そして、その売上でチームの運営費は賄われているんです。なのに、なぜ営業マンが管理部長に頭を下げなきゃならないのか？　自分も営業出身という「贔屓目」もあったとは思いますが、僕のなかにそういう思いがあったのは否定できない事実。そのせいで管理部長をかたくなにさせてしまったように思うのです。

しかも、彼は「男気」のある人物でしたから、新社長である僕があれこれ言ってきても、自分が信じてきた「伝統」を捨てるわけにはいかなかったのでしょう。そのあたりを配慮しながら、もっと丁寧に話し合えば事態は違った展開をしていたかもしれません。

お互いに「敬意」をもてば「壁」は消え去る

　とはいえ、僕は、全社が一丸となって「ファンサービス」をすることによって、「愛される球団」をめざすことを妥協することはできませんでした。

　そこで、やむなくある決断をしました。僕の直属機関として、「ファンリレーション室」を新設。営業部などから上がってきた「ファンやスポンサーからの要請」を、チーム側と調整する権限をそこに一元化。実質的に、管理部長が隠然ともっていた「権力」を強引に剥奪《はくだつ》したわけです。

　いわば、社長の「権力」を使って、「壁」をぶっ壊したようなものです。乱暴といえば、乱暴だったかもしれません。その管理部長は楽天野球団を退職して、他の球団で活躍されています。おそらく、自分が守ってきた「聖域」を侵犯されたように感じたのでしょう。

　残念なことでしたが、あのときの僕にはそうするしかなかった。「黒字化」という目標を達成するために、のんびりしていられる状況でもありませんでした。部門間の「壁」を壊して、一刻も早く全社一丸となって「ファンやスポンサーに喜んでいただく」ために全力をあげる態勢を整える必要があったのです。

そして、僕は社内でこういう標語を掲げました。

〝Respect each other.〟。つまり、選手、監督、コーチから社員、アルバイト、ボランティアまで全員がお互いの立場を尊重しながら、ファンのために力を合わせようということです。

ユニフォーム組とスーツ組のどちらが偉いとか、営業部と経理部のどちらが偉いとか、そういう意識を捨てよう。そうではなく、それぞれの専門性や立場に対して敬意を払いながら、お互いに力を合わせて、ファンやスポンサーに喜んでもらうことが大切なんだ。そういうメッセージを伝えたかったのです。

もちろん、これは自分への戒めでもありました。あの「痛恨の失敗」から、「自分は他の人より偉い」などという勘違いをするのではなく、常に相手に対する「敬意」を忘れてはならないと肝に銘じていたつもりですが、気がつくと「慢心」や「勘違い」が生じている自分に気づかされていたからです。

そもそも、人間というものは「自分の仕事」に対してプライドをもつ生き物です。

一生懸命に仕事をすればするほどプライドは高くなる。そして、部署というものが存在すると、そのプライドを共有する仲間がいるがために、さらにプライドは強固なものになる。あるいは、そこにはメンツのようなものすら生じる。それが自然なのだと思うのです。

しかし、それがゆえに部門間に「壁」が生じるのではないでしょうか？

だからこそ、僕は〝Respect each other.〟という標語を掲げ、それを常日頃から社員たちに呼びかけるとともに、リーダーが率先してそれを実践する必要があると考えています。

理想論かもしれませんが、この〝Respect each other.〟という言葉を、全社員の心のなかに根づかせることができたとき、そこにはあらゆる「壁」がなくなり、組織の潜在力が最大限に発揮されるようになると思うのです。

味方

12 〝雑巾がけ〟こそが重要業務である

——「権力」を正しく使うために忘れてはならないこと

組織には「権力」が欠かせない

リーダーは、「権力」を使うことから逃げてはいけない——。

僕はそう考えています。組織とは人間の集まりであり、人間は一人ひとり「考え方」や「感じ方」が違うため、組織を一定の方向に動くように仕向けるには、よくも悪くも「権力」が不可欠だからです。

もちろん、かつての僕のように、「権力」があるからといって、部下を顎《あご》で使うようなマネをするのは下の下。それでいっときは組織を意のままに動かせるかもしれませんが、早晩、鬱積《うっせき》した「反発」や「恨み」が組織を根本から腐らせてしまうに違いありません。

ただし、そのことの弊害を意識するがあまり、「権力」そのものを毛嫌いする風潮も一部にあるように思いますが、僕は、それも正しくないと思います。むしろ、「権力」を正しく使わず、規律に欠けた状態を放置することのほうが罪深いのではないでしょうか。要するに、大事なのはバランス感覚であり、「権力」を上手に使うセンスを磨くことなのでしょう。

だから、【項目11】で書いたように、僕は、部門間の「壁」を壊すために、社長直属の「ファンリレーション室」を新設するなど、必要に応じて社長としての「権力」を行使してきました。

当時の僕の「権力」の使い方にセンスがあったかどうか、正直なところ自信はありません。実際、「ファンリレーション室」を新設することによって、数人の社員が他の球団に転職してしまいました。もっと上手なやり方はきっとあったはずだと思っています。

ただ一方で、どんなに上手にやったところで、「権力」を行使すれば、そこには必ず「反発」が生じるのも否定しがたい現実です。

何かを「強制」するのが「権力」なのですから、それは当然のことでしょう。重要なのは、それを十分に理解したうえで、決然と「権力」を行使する覚悟をもつこと。僕はリーダーとして、いつもそう言い聞かせてきました。

どんなに「正論」であっても、"嫌いなヤツ"の言うことはきかない

では、その「覚悟」を決めるには何が必要か？

僕は、結局のところ、確固たる「目標」を明示するとともに、それを達成するための「大方針」を腹に落ちるまで徹底的に考え抜くことに尽きるのではないかと思っています。

僕の場合であれば、「黒字化」という明確な「目標」を達成するために、「コストカット」という手段ではなく、「ファンに喜んでもらうことで、観客動員数を増やす」という「大方針」を打ち出したわけですが、この「大方針」を実行するためには、「選手ファースト」と「ファンファースト」を両立させるために全力を尽くすととも

に、部門間の「壁」を壊し、全社一丸となってファンのために汗をかかなければならないと確信していました。

この「確信」があったからこそ、僕は「反発」を覚悟のうえで、「権力」を行使する腹が決まったのです。しかも、その「目標」と「大方針」に一定の説得力があったからこそ、一部の「反発」はあったものの、大半の社員たちは納得して、僕が掲げた方向に向かって足取りを揃えてくれたのではないかと思うのです。

しかし、それもまた「一面の真実」に過ぎないとも思っています。

というのは、いくら納得できる大義名分があり、それを丁寧に説いたとしても、それだけの理由で「権力」の行使を受け入れてもらえるとは思えないからです。

いや、どんなに立派な大義名分を持ち出されても、そのリーダーに対して「不信感」「懐疑心」を持っていたら、口では「わかりました」と言いながらも、内心ではひそかに反発しているに違いありません。〝嫌いなヤツ〟の言うことなんか、誰も本気で聞き入れはしないのです。

選手たちと〝筋トレ仲間〟になる

これは、メリルリンチでの「痛恨の失敗」で痛切に感じたことです。

あのとき、僕は「個室」にこもって、現場のメンバーたちと気軽にコミュニケーションを取ったり、馬鹿話をしたりといった、人間的な交流をほとんどしませんでした。それどころか、僕は、「成績の悪い2割は入れ替えればいい」と内心で思っていたのです。

そんな僕が、どんなに的確なアドバイスをしたとしても、誰も素直に聞き入れてはくれないのも当然だった。いや、僕が何をやっても、彼らは面白くなかったというのが実態だったはず。そんな状態で「権力」を行使しようとすれば、それがどんなに合理的であったとしても、猛烈な反発をくらうに決まっているのです。

それじゃダメだ……。

楽天野球団の社長になるにあたって、僕はそう強く自分に言い聞かせました。

そして、「社長室」は絶対につくらず、みんなと同じ空間で働くだけではなく、自らみんなのそばに歩み寄って人間らしいお付き合いをしようと心に決めたのです。
もちろん、社員たちに「好かれよう」と無理してもしんどいだけだし、かえってうまくいかないものです。そうではなく、状況次第で「社長」という〝鎧《よろい》〟を脱いで、ひとりの生身の人間として、社員やスタッフたちとざっくばらんに付き合えばいい。そうすれば、自然と仲良くなる人が増えていくだろう……と思ったのです。

そんなわけで、僕は、仕事の合間に、社内をぶらぶら歩いて、社員たちに話しかけたり、若手社員をランチなどに誘ったり、社外のお偉いさんとの会食に同席してもらったりと、とにかく社員たちとの接触ポイントを増やすことを心がけました。

そして、仕事の相談に乗ったり、馬鹿話をして笑い合ったりしながら、とにかく相手の話に耳を傾けることを意識しました。こちらが虚心坦懐に話を聞く姿勢でいることが伝われば、多くの人は徐々に心を開いてくれるようになると思うからです。

たとえば、こんなこともありました。
僕はときどき、仕事の合間に、筋トレで汗を流したくなって、筋トレルームに行っていたのですが、当然のことながら、そこには選手たちやバッティング・ピッチャーなどもやってくるので、だんだん彼らと仲良くなっていきました。

最初のうちは、「なんで社長が筋トレやってるんだ？」と驚かれますし、警戒もされますので、そうなるまでにはある程度の時間はかかりますが、何度も一緒に筋トレしたり、風呂に入ったりして、会話を重ねるうちに、だんだんと選手たちと社長という関係性を超えて、いわば〝筋トレ仲間〟になっていきました。

誰も傷つけることなく、組織の「困りごと」を解決する

そうなると、いろんな情報が入ってくるようになります。

たとえば、ケガをしている選手が、それをコーチに隠していることを打ち明けてくれたこともありますし、バッティング・ピッチャーから「彼のスイングがちょっとおかしい。ケガを隠してるかもしれない」と教えてもらったこともあります。「隠す」というと悪いことのようですが、僕も僭越ながらラグビーに真剣に取り組んでいましたから、「試合に出たいからケガを隠す」という気持ちは痛いほどわかります。

だけど、そのようなガッツのある姿勢は高く評価できるのですが、一方で、無理を

重ねることで、取り返しのつかない故障につながるリスクもあります。選手をお預かりしている立場である球団としては、ケガの状態を把握しないまま選手起用を続けるわけにはいきません。

もちろん、ケガに気づかなかったトレーナーたちに問題があるわけでもありません。なかには選手のケガに気づいているトレーナーもいたのですが、トレーナーからすれば、たとえ「ケガしてるんじゃないか？」と思っても、選手が「痛くない」と言っている限り、「ケガをしている」とレポートを書くことはできません。

あるいは、「トレーナーである自分から見て、本当はケガしていると思います」と書くこともできない。結局は、選手の判断に委ねるしかないのです。そして、選手であれば誰でも「ケガを隠す」という心理が働くのですから、これは球団経営に内在していることだと捉えるべきだと思います。

ですから、僕はこの情報をきわめて慎重に取り扱いました。

ここに問題のある人間はひとりもいないのですから、それぞれの立場を尊重しながら、全員にとって望ましい方向で話し合いが進むように丁寧に対応することを心がけたのです。

このように、選手たちから打ち明けられた「悩み」「困りごと」などを、できるだけ誰も傷つけることのないように気をつけながら解決（いわば〝雑巾がけ〟のようなものですね）していけば、だんだん、「あの社長は時々乱暴なこともするけど、俺たちのことをちゃんと考えてくれてるな」などと思ってもらえるようになります。そして、僕の「味方」になってくれるのです。


これが僕を助けてくれました。

僕は、ユニフォーム組とスーツ組の「壁」を壊すために、時に「権力」を行使せざるを得なかったため、当初は、幹部社員と衝突することもありましたが、徐々に空気感が変わっていったのです。

それはおそらく、選手たちをはじめとしたユニフォーム組とも、営業マンなどスーツ組とも、わけへだてなく「仲良く」なることができたおかげで、「また社長がなんか言い出したぞ。しょうがない、付き合ってやろうよ」と思ってくれる人が増えたからではないかと思っています。

いわば、現場のメンバーとの「人間的な信頼関係」は、リーダーが仕事をするうえで、必要不可欠なインフラであり、セーフティネットなのだと思うのです。そして、実は、リーダーとして本質的に重要なのは、「権力」を行使することではなく、このような「人間的な信頼関係」を築くために、日々こつこつと組織の〝雑巾がけ〟をすることなんじゃないかという気がしてくるのです。

チームワーク

13 「瞬発力」のある組織をつくる

――チームが「意思」をもつ生命体になる条件とは？

「信頼関係」のない組織が弱い理由とは？

強い組織とは何か？

これは、さまざまな観点から語ることができる問題ですが、僕なりに重視しているのは「瞬発力」です。

企業には刻一刻と新しい出来事が起こり、常時、それに適切に対応することが求められるわけですが、そのためには、まずは「何かが起こった時」に、即座に組織が動き出す「瞬発力」が求められると思うからです。

僕のイメージはこうです。

一滴の水が水面に落ちたときに波紋が広がるように、こんな事態が生じたという「情報」が組織全体に瞬時に伝播《でんぱ》する。そして、リーダーを中心として、組織全体が「意思」をもつ生命体のように一斉に動き始める。そのような組織が「強い」と思うのです。

では、そのような組織をつくるためにはどうすればよいか？

まず大前提として、組織内に「信頼関係」を醸成しておくことが不可欠だと僕は考えています。

組織の「情報力」を高めるためには、情報システムを刷新《さっしん》すべきだといった議論に傾きがちですが、僕は、それが本質ではないと思うのです。なぜなら、どんなに最先端の情報システムを導入したとしても、僕たち人間は、「信頼できない相手」「信頼できない組織」に情報を伝えることを躊躇するからです。

特に、「ネガティブ情報」の扱いには慎重になります。

たとえば、お客さまや取引先とのトラブルを引き起こしてしまったときなど、誰だってその「ネガティブ情報」を組織に報告することに躊躇するはずです。格好悪いし、責任問題になるし、評価も下げられるだろう……。そもそも、報告した上司から傷つくような言葉を投げつけられるのが怖い……そんな思いが交錯して、一瞬躊躇してしまうのは人間心理として当然のことだと思うのです。

しかし、この時点ですでに、情報伝達に遅れが生じているわけで、組織の「瞬発力」を損ねているのです。

だから、組織の「瞬発力」を鍛えたいのであれば、「ネガティブ情報」を報告しても、リーダーから責められることはないどころか、すぐに問題を片付けてくれるという「安心感」や「信頼感」を、メンバーにもってもらう必要があるわけです。

部門間の「壁」が、「情報」を堰き止める

これは、部門間においても同様です。

部門間の「信頼関係」が希薄であれば、そこに生じる「壁」が、「情報」の流れを堰《せ》き止めてしまうでしょう。

もしかすると、他部門からの批判を恐れて、自部門の「ネガティブ情報」を隠そうとするかもしれませんし、複数の部門にまたがるトラブルが発生したときには、責任の押し付け合いが始まり、それぞれがもつ「情報」を共有するのを避けようとするかもしれません。

とはいえ、社長が「壁をなくせ！」と命じたところで、「壁」がなくなるわけではありません。

部門長やメンバー一人ひとりの心のなかに、他部門との「壁」ができてしまっているのですから、それを取り除くことができるのは本人たちだけ。社長にできるのは、彼らが心のなかの「壁」を、自ら壊したくなるような環境を提供することです。

その手法には、いろいろなものが考えられるでしょう。

社長の権限を使って、各部門の人間が混じり合うプロジェクト・チームをつくり、お互いに力を合わせて「目標」をめざすといった「仕掛け」をするのも有効です。

たとえば、僕は楽天野球団でこんなプロジェクトを実施していました。全社員を6

つのチームに分けて、まる一日かけて街中で観戦チケットを販売。その日の夜に全社パーティを開いて、優勝チームを表彰するというイベントです。

このように、部門横断的にチームをつくって、優勝をめざして協力し合うゲームをすることで、そこに自然と「協力関係」「信頼関係」が生まれて、部門間の「壁」も徐々になくなっていくことが期待できるのです。

「社長命令」を上手に使いこなす

また、社長が、他部門のサポートを命じるのも効果的だと思います。

たとえば、楽天野球団のように社員数150人ほどの企業規模であれば、ある部門が人手不足などの理由で切羽詰まった状態にあるときには、それを他部門が助けるのは組織として当たり前のことだと思うのですが、実際には、それがなかなか難しいものです。

というのは、ほとんどの部署・部門は自分たちの仕事にプライドをもっているからです。その仕事にプライドをもっているからこそ、「手伝ってもらう」ということであっても、他部門にズカズカ入ってこられるのを嫌悪するわけです。

あるいは、他部門の仕事を「手伝った」ところで、自分・自部門の評価が上がるわけではありませんから、「自部門の仕事さえちゃんとやってればいいでしょ？」ということにもなります。

組織が大きくなれば、「部門」「部署」というものをつくらざるを得なくなりますが、それが必然的にこうした「弊害」を生み出すことを、リーダーは頭に入れておかなければならないと思うのです。

だから、僕は、困っている部門があったら、社長命令で他部門に手伝わせるようにしていました。

「社長命令」であれば、他部門をサポートするうえで生じるメンバーたちの不満を社長のせいにすることができますし、助けられる側の部門長も、他部門のメンバーたちに引け目を感じる必要もないはずです。全部、「社長命令だから、しょうがない」ということにしてもらえばいいのです。

だけど、そういう形であったとしても、実際に助け合うことによって、「困ったときはお互い様」という雰囲気が醸成されていき、部門間の「壁」は自然と低くなっていくと思います。

リーダーの「無理難題」が、「連帯意識」を引き出す

あるいは、僕はこんな〝荒技〟を繰り出したこともあります。

社長である僕が、「無理難題」を要求することで、あえて全部門長の〝敵〟として立ちはだかるのです。

もちろん、その「無理難題」は、経営上の必要性があるから要求するわけですが、同時に、〝社長という敵〟に対抗するために、部門長が協力し合うようになるという「裏の狙い」ももたせているわけです。

これは、慶應大学ラグビー部での経験を踏まえた、ちょっとした〝悪知恵〟です。

あの頃、僕たち選手は、あまりにも過酷な練習に耐え忍ぶ毎日を送っていましたが、そんななかで「集団力学」というものを知らぬ間に学んでいました。

たとえば、普段は、「シニア」と呼ばれる3年生と4年生の立場が強く、それに対抗するために「ジュニア」と呼ばれる1年生と2年生が団結するという構図になるのですが、夏の合宿などでラグビー部ＯＢの「鬼コーチ」が指導にくると、力関係は一変して、「鬼コーチ」に対抗するために、1年生から4年生までが団結する構図になるのです。

つまり、「強い敵」が現れることで、集団の離合集散が起きるということです。

このような「集団力学」は、程度の差こそあれ、あらゆる集団や組織で観察されるものですが、それを、社長である僕が〝逆利用〟。「無理難題」を要求する社長に対抗するために、部門長同士が連帯意識をもつことで、部門間の「壁」がなくなるのではないかと考えたわけです。

もちろん、わざわざ〝嫌われ者〟になるわけですから、少々寂しくはあります。だけど、社長として部門長たちをサポートしながら、「無理難題」をやり遂げることさえできれば、僕も含めた全員がハッピーになります。そして、僕と部門長たちとの関係性もよりよいものへと育っていくのです。

この手法は、やや〝荒技〟なので、慎重にやった方がいいと思いますが、とにかく、リーダーは自分の権限を使いこなして、部門間の「信頼関係」が醸成されるように働きかけることが大切です。部門間の「壁」がある限り、「重要な情報」が瞬時に組織に行き渡るなどという現象は起きえないからです。

議論をオープンにするから、組織に「意思」が宿る

さて、社長が、陰に陽に働きかけることで、組織内に「信頼関係」を醸成することができれば、一滴の水が水面に落ちたときに波紋が広がるように、「重要な情報」が組織全体に瞬時に伝播するようになるはずです。

そして、その「情報」によって明らかになった、なんらかの「危機」に適切に対応すべく、組織全体が「意思」をもつ生命体のように動き出す「瞬発力」が求められます。そのためには、どうすればよいのか？

僕が意識したのは、議論をオープンにすることです。

たとえば、ある部門でなんらかのトラブルが発生したとします。その「情報」が耳に入ったら、僕は即座に部門長を自分のデスクに集めます。そして、トラブルの詳細を確認したうえで、組織的な対応策について議論を交わします。大事なのは、それを一般社員にも聞こえるようにすることです。

なぜか？

まず第一に、僕が「不明点」や「疑問点」について質問し、それに部門長たちが応えるプロセスをすべてオープンにすることで、「いま組織で何が起きているか」を、職場にいる全員が正確に共有できることが重要です。

こういう局面で、何よりも重要なのは徹底した「事実確認」。これが不十分だと、その後に打つ手立てのすべてが的外れなものになり、トラブルがさらに大きくなる結果を招きます。

だから、僕が「事実」を厳密に確認するプロセスを見せることで、「事実確認」の重要性を伝えるという意図もありました。

実際、僕の質問に答えられなかった部門長は、その場で部下に「すぐに確認してくれ！」などと指示。そういう訓練を通じて、社内で「情報」を共有するときに、押さえておくべき「肝」も共有することができるわけです。

第二に、どのような「判断軸」でトラブルに対応するのかを共有できることに大きな意味があります。

というのは、こういう局面ではいつも、部門長たちの意見を踏まえたうえで、「これこれこういう理由で、こういう組織的な対応をする」という形で、「判断軸」を明確に示すことになるからです。

もちろん、部門長が僕に反論してくるようなこともありましたが、その議論を全社員が聞いていることにも大きな意味があります。

そこでどういう議論が行われ、どういう価値軸で決着するのかを、全社員が目の当たりにすることで、組織としての「判断軸」に対する理解がどんどん深まっていくからです。

ここで大事なのは、どんなときでも揺るがない「判断軸」の存在です。

いつも場当たり的な対応をしているようでは、リーダーとして「信頼」されませんし、社員たちも「何を軸に考えればいいのか」を明確に理解することができません。それでは、組織が「意思」をもった生命体のように動くことは不可能だと思うのです。

僕の場合であれば、「お客さまのことを最優先にする」という軸は社長在任中にぶれることがなかったと思いますが、それゆえに、「陽三さんならこういう判断をするだろう」「陽三さんはこれをやったら怒り出すだろう」という感覚を全社員が共有してくれていたように思います。だからこそ、何か起こったときにも、僕の指示が全社に行き渡るスピードが速かったのではないかと思います。

日本シリーズ第7戦の「奇跡」

もちろん、一度や二度、組織全体でこういう経験をしたからといって、すぐに、組織全体が「意思」をもつ生命体のように動けるようになるわけではありませんし、組織としての「瞬発力」が鍛えられるわけではありません。

大小さまざまなトラブルを組織的に乗り越えていくことによって初めて、少しずつ、そういう組織体質を身につけていくようになるのだと思います。その意味では、リーダーは焦りすぎることなく、じっくりと腰を据えて組織体力を鍛えていくという意識をもつべきなのではないでしょうか。

僕が楽天野球団で「ようやく組織としての瞬発力がついてきたかな」と思えたのは、社長に就任して1年ほどが過ぎた頃のことです。

それは、楽天野球団が日本一になった２０１３年の日本シリーズ第6戦での出来事です。巨人を相手に3勝2敗と勝ち越している状況で、仙台のホームグラウンドで迎えた第6戦。その試合に勝てば「日本一」が決まるわけで、球場には大勢のファンが応援に駆けつけてくださったのですが、それは僕たちの想定をはるかに上回るものでした。

当時の球場のキャパシティは約2万人でしたから、チケットを買えなかった方々は、球場外に設置した小さなテレビで応援。楽天野球団の社員たちも現場に駆けつけて、トラブルが起きないように精一杯の努力をしていたのですが、ほとんどカオス状態になってしまっていたのです。

そのとき僕は、観客席で戦況を見守っていたのですが、部下からの緊急連絡で状況を知らされ、大慌てで対策に乗り出しました。

というのは、いきなり警察が駆けつけてきて、「球場の外に人があふれている状況は危ない。なんとかしてください」と要請されたからです。現場に急行すると、たしかに危険な状況でした。

そこで、現場の混乱を収めるために人員を増強するとともに、「明日の試合では、絶対にこの状況をつくってはならない。すぐに対策を話し合おう」と部門長たちに招集をかけました。

全員が一斉に動き出した瞬間

そして、第6戦で負けた後、夜10時半くらいから、大勢の社員が残っているオフィスで、部門長たちと協議を開始。そして、球場のそばにある陸上競技場を開けてもらって、チケットを買えなかったファンの皆さんには、そちらに入場していただく。競技場内には、ビジョンカー一台とありったけのテレビを設置して、観戦していただけるようにしようという結論に至りました。

ここからが早かった。

僕たちが話し合っているのを聞いていた社員たちが、「じゃ、僕が陸上競技場の管理責任者に連絡します！」「私がビジョンカーを手配しますね！」などと声をかけあって、担当業務や所属する部門などお構いなしに、動ける人が即座に動き始めてくれたのです。

もちろん、すでに夜中ですから、陸上競技場の管理責任者に連絡がつかなかったり、テレビや配線の手配もすんなりとはいきません。

だから、いつも以上の〝ドタバタ劇〟になりましたが、翌朝までにはなんとかすべての手配が完了。そして、第7戦には前日を上回るファンが寒いなか陸上競技場に集まってくださり、球場と同じように盛り上がってくださったのです。

これに、僕はちょっと感動しました。

優勝目前というタイミングでしたから、マスコミ対応やファンが買い求めるグッズの手配などなど、それでなくても目が回るような忙しさだったにもかかわらず、「警察に注意された」という一滴の水に、瞬時に組織全体が反応。「お客さまに安全な状況で楽しんでいただく」ために、全力を尽くす組織になってきたことを実感することができたからです。

そして、そんな社員たちを見ながら、心の底から誇らしい思いが込み上げてきたことを今も鮮明に覚えています。

フェアプレイ

14 「グレーゾーン」に踏み込む
――組織を成功させるリーダーが磨くべき「センス」とは？

「グレーゾーン」において、リーダーの真価は問われる

ものごとには、必ず「グレーゾーン」というものがあります。

法律などのルール上、明確に「グレーゾーン」と認められる「ホワイトゾーン」と、明確に「違法」とされる「ブラックゾーン」がありますが、そのどちらとも言えない「グレーゾーン」というものが存在します。そして、この「グレーゾーン」においてどういう判断をするかが、リーダーにとってはきわめて重要になると僕は思っています。

というか、「グレーゾーン」以外は、特段リーダーの資質が問われることがないと

言ってもいいのかもしれません。

なぜなら、「ホワイト」か「ブラック」かは、ルールを正しく解釈することさえできれば、ほぼ自動的に判別ができるからです。そして、「合法ならGO」「違法ならNG」であることは自動的に導かれるわけですから、そこにリーダーの「判断力」が問われることはほとんどないと言っていいでしょう。

ところが、「グレーゾーン」はそうはいきません。「グレーゾーンに踏み込むべきか」「グレーゾーンでどう振る舞うべきか」といったことは、きわめて繊細な問題であって、リーダーの「判断力」が高度に求められる局面なのです。

僕自身、この問題には常に頭を悩ませてきました。

そして、僕が、こういう局面において、ひとつの「判断基準」として参考にしていたのは、あの宿澤広朗さんが語った言葉でした。ラグビー日本代表選手・代表監督として活躍された平尾誠二さんが監修された『キリカエ力は、指導力』（梧桐書院）に収められた、宿澤さんの講演録にこんな言葉が記されているのです。

「競技スポーツでも、勝つためにはそれ（筆者注：違法ではないけれど、非常にグレーな部分を攻めること）がポイントです。そこまでやる。やるけれども、ルールで決められていない部分なのだから『フェアプレイの精神』でやる」

前提として、宿澤さんは、ビジネスにおいても、ラグビーにおいても、法律やルールに対する知識は半端ではありませんでした。どこまでが「グレーゾーン」で、どこからが「ブラックゾーン」なのかを知り尽くしていたのです。

そして、「ブラックゾーン」には絶対に踏み込まないけれど、勝負に勝つためには「グレーゾーン」を攻める必要がある。ただし、そのときには「フェアプレイの精神」でやる、というわけです。これは、リーダーにとって、非常に参考になる「判断基準」だと思うのです。

「フェアプレイの精神」とは何か？

では、宿澤さんの言う「フェアプレイの精神」とは何か？

ラグビー界ではよく知られた、宿澤さんのエピソードを紹介したいと思います。

１９８９年5月27日（土）、ラグビー日本代表チームが、世界ラグビーの最高峰に位置する強豪スコットランドとのテストマッチに勝利する前日のことです。

その日、すでに来日していたスコットランド代表が「非公開の練習」をするという情報を得た宿澤さんは、八方手を尽くして、練習場所のすぐそばにある大企業の本社ビルの見晴らしのいい場所に潜入。スコットランド代表チームにとっては「死角」となる場所から、秘密裏に練習を偵察することに成功しました。

そして、その練習内容から、宿澤さんの予想どおり、スコットランドがフォワード戦を挑むつもりでいることを確認。だからこそ、翌日のテストマッチで、日本代表チームは確信をもったプレイを展開することができ、奇跡的な勝利を手繰り寄せたのだと言われているのです。

実は、このときの宿澤さんの「偵察行為」が、「スポーツマンとして正しいことだったのか？」「誤った勝利至上主義ではないか？」といった疑念を唱える声も一部にあったそうです。いや、宿澤さんのご著作『ＴＥＳＴ　ＭＡＴＣＨ』（講談社）には、「協会（筆者注：日本ラグビー協会）の役員からは、先方の意図を尊重しよう、だから見てはダメだとの厳命があった」と明記されています。

だけど、宿澤さんは、その声に動じませんでしたし、そもそもスコットランド代表からそのような指摘があったと聞いたこともありません。なぜか？『宿澤広朗　勝つことのみが善である』（文春文庫）という評伝において、著者の永田洋光さんは的確な分析をされています。ちょっと長くなりますが、引用しましょう。

「これは勝利至上主義というよりは、『テストマッチ』と呼ばれるラグビーにおける最高レベルの試合をどうとらえるかという、哲学の問題だ。

世界最古のテストマッチが、19世紀のイングランド対スコットランドだったことに象徴されるように、テストマッチは単なる国際試合ではなく、国と国が（厳密に言えばイングランドもスコットランドも国ではなく地域だが、歴史上は侵略した国家と侵略された国家という位置付けになる）各々のナショナル・アイデンティティを懸けて戦う真剣勝負なのである。

対戦相手が非公開練習をすれば、一方の相手はそれを何としても覗こうとする。非公開練習する側も、当然偵察されることを予期してメニューを組む。ラグビーには、ルールとは別に当事者の間で暗黙の了解事項があり、その範囲内でなら、お互いに勝つために死力を尽くす。（中略）

ルールを生み出した競技の根本精神や理念に反しないと確信して行った行為は、それが堂々と為される限り『フェア』なのであり、その行為が違法か合法かを判断するのは、レフェリーに象徴される第三者である。そう考えれば、相手の非公開練習を覗き見ることは、アンフェアでもなんでもない」

「理屈」で考えても答えが出ない領域

この分析に、僕も深く共感します。

そして、宿澤さんは、こうした「テストマッチ」における「フェアネス」を、「理屈」で考えたわけではなく、ご自分の経験を通して体得されていたことが重要だと、僕は考えています。だからこそ、批判がくる可能性があることを承知のうえで、「腹」をくくることができたのだと思うのです。

どういうことか、説明しましょう。

宿澤さんは、1977～1985年の約7年半を、住友銀行ロンドン支店の駐在員として過ごされました。そして、ラグビー発祥の地であるイギリスでは、あらゆる国家のラグビー代表選手は敬意をもって遇されます。だから、宿澤さんは英国駐在時代に、イングランド、スコットランド、ウェールズ、アイルランドなどの「テストマッチ」から、地元のクラブチームの試合まで可能な限り観戦するとともに、各地のラグビー人脈から歓迎され、深い人間関係を築いておられたのです。

そして、その実体験を通して、「テストマッチ」における、各チームの振る舞いや考え方を肌身で理解されていたのでしょう。だからこそ、スコットランド代表の「非公開の練習」を秘密裏に「偵察」することは、「グレーゾーン」かもしれないが、「フェアプレイ」と認められると確信をもっておられたのだと思うのです。

僕は、このように「フェアプレイ」に対する感覚（センス）を磨いておくことが、リーダーにとってはきわめて重要だと感じています。

というのは、何が「フェアプレイ」なのかは、状況によって変わってくるため、必ずしも「理屈」で割り切れるものではなく、それまでに培ってきた「経験」「常識」「知恵」と呼ばれるようなものを総動員して判断するほかないからです。

しかも、あくまで「グレーゾーン」の領域ですから、浮ついた「判断」をすれば、批判の声に押しつぶされるおそれもあります。だから、「これはフェアプレイである」と「腹の底」から思えるだけの感覚（センス）を磨いておかなければならない。それは、決して簡単なことではないと思うのです。

ウォール街の熾烈な「情報戦」

この「フェアプレイの精神」はビジネスにも通じます。

僕は、ウォール街などで海外のビジネスパーソンの振る舞いを観察する機会に恵まれましたが、一流と言われる人物は「グレーゾーン」における戦い方に非常に長けていると実感しました。

特に、「情報」がすべてと言っても過言ではない金融の世界では、熾烈な「情報戦」が繰り広げられています。

例えば、大企業がリストラのために事業部を売りに出すといった情報は、株主や従業員などにとって非常にセンシティブなものですから、極めて「機密性」が高いと言えます。だからこそ、そのような「機密性」の高い情報を、誰よりも早くかつ正確に入手した金融マンが、その事業部売却というディールに圧倒的に有利な立場でかかわることができるわけです。

ただし、当然のことながら、誰かにカネを渡して「情報」を得るなどということをすれば、「ブラックゾーン＝違法」を疑われる結果を招きます。とはいえ、「ホワイトゾーン」にとどまっている限り、ライバルを出し抜くことは不可能。そこで必然的に、全員が「グレーゾーン」に慎重かつ大胆に踏み込んでいって、「機密性」の高い情報への肉薄を試みることになるわけです。

「心理戦」に勝つ方法

そこでの戦いは、「心理戦」となります。

先ほどのケースで考えれば、僕だったら、事業部のリストラを考えそうな企業をリストアップ。その意思決定を握っている人物を特定したうえで、その人物に接近しようと考えるでしょう。

もちろん、その人物にいきなり電話をしたって、まず相手にもしてもらえません。だから、長年かけて培った人脈を辿って、その人物に関する情報収集から着手。そして、その人物が毎日ジムに通っているという情報を入手できたとすれば、当然、僕もそのジムに通い始め、「偶然」を装ってその人物への接近を試みるでしょう。「偶然に出会った」という状況をつくっておけば、「ブラックゾーン」に陥ることは避けることができるからです。

もちろん、その人物は僕に対して警戒心をもつに違いありません。しかし、その心理的なハードルを超えて、彼との人間関係をつくっていくのが営業マンの「腕」の見せ所。この能力を磨かなければ、「グレーゾーン」での戦いは苦戦を強いられるように思います。

とはいえ、人間関係ができたからと言って、それだけで情報が手に入るわけではありません。相手がクレバーな人物であればあるほど、ストレートな質問には答えてくれません。下手をすれば、「ブラックゾーン」に落ちてしまいかねないからです。

だから、さりげないやりとりを重ねるなかで、相手の表情や仕草から「真意」を読み取ったり、相手の発言からその「言外の意味」を汲み取るといった、繊細なコミュニケーションによって、隠微な形で「核心的な情報」へと肉薄していくのです。それが「フェアプレイ」であり、こうした「心理戦」に上達しなければ、ビジネスにおいて「勝つ」ことはできないと思います。

わずかな会話で「重要情報」をつかむ

ここで思い出すのが、宿澤さんが自著『TEST MATCH』（講談社）に書き残したエピソードです。

例のスコットランド戦の2日前（非公開練習の「秘密偵察」の前日）の金曜日のこと。その日、日本ラグビー協会がスコットランド・チームの団長・役員を夕食会に招くことになり、宿澤さんも出席することになりました。当初、宿澤さんは試合直前に相手チームの監督らと顔を合わせることに抵抗感をもったようですが、重要な「情報」を聞き出せるかもしれないと考えて参加を決めたといいます。

夕食はかなり和やかな雰囲気で進み、宿澤さんもラグビー談義を純粋に楽しんでいたそうですが、夕食会もいよいよお開きというタイミングで、スコットランドのディクソン監督に、「日曜日のテストマッチはオープンラグビーをやろう」という言葉をかけたそうです。

そして、このとき、宿澤さんは「イエス」という返答を待っていましたが、ディクソン監督は「どうなるか分からない」というような意味のことを言ったそうです。

本には明記されていませんが、おそらく、このとき宿澤さんは、〝カマをかけた〟のだと僕は思います。というのは、たったこれだけの会話で、2つの重要な「情報」を得たと書いていらっしゃるからです。

第一に、実はディクソン監督には「自信がない」ということ。

日本代表が「オープンラグビー」（ボールをパスで繋ぎ、継続して攻撃すること）を志向していることは、ディクソン監督もよく知っており、〝格上〟のスコットランドは「オープンラグビーをやろう」との申し出を普通であれば受けるはず。なのに、「どうなるか分からない」などと曖昧な返答をするのは、「自信がない証拠」だと宿澤さんは判断されたのです。

第二に、ディクソン監督が「フォワード戦」や「キック戦法」を考えていることが想像できたといいます。なぜか？　〝格上〟であるがゆえに、スコットランドは絶対に日本に負けるわけにはいかないからです。ところが、ディクソン監督はなぜか「自信」がない。となれば、スコットランドが得意とする「フォワード戦」や「キック戦法」で絶対に勝ちにくるだろうと、ほぼ断定できるわけです。

そして、宿澤さん率いる日本代表チームは、スコットランドの「フォワード戦」と「キック戦法」の弱点をつく戦術を徹底的に追求してきたわけですから、この一瞬の会話で得た「情報」は、宿澤さんはじめメンバー全員の「自信」を深めることにつながったわけです。

メンバーの気持ちに「火」をつける方法

僕はこの一節を読むと、ついニヤリとしてしまいます。

なぜなら、この夕食会で宿澤さんがされたことは、ウォール街などで僕が目撃した一流のビジネスパーソンがやっていることとほとんど同じだからです。まるでポーカーゲームや麻雀をするときのように、ノンバーバル（非言語）の世界における「心理戦」を戦っておられるのです。

おそらく、銀行マンとしてロンドンに駐在されていた頃、宿澤さんは、金融街であるシティで「グレーゾーン」の戦いに明け暮れていたのではないでしょうか。そこでの経験値が、ラグビー日本代表監督としてリーダーシップを取られるときに活かされたような気がしてならないのです。

また、宿澤さんは、例の「非公開練習の秘密偵察」について、『TEST MATCH』にこう記しておられます。

「秘密練習を見るという、いわばエチケットに反する行為は勝ちたいという意欲の表れであった。そこまでして情報を集め勝とうとしている。そのことが大事なことで、秘密練習はどのような内容であったかを選手達に伝えることは、同時に、『俺達はここまでやっているのだ』という情熱を伝えることでもある」

これは、ビジネスにおいても当てはまります。たしかに、「ホワイトゾーン」から一歩も出なければ、経営上のリスクは一切ないのかもしれませんが、「グレーゾーン」を攻めなければ並みいるライバルに勝つことはできません。しかも、宿澤さんが実践されたように、リーダーが徹底的に「グレーゾーン」を攻め切ることによって、メンバーの気持ちに「火」をつけることができるのだと思うのです。

ただし、〝ど素人〟が「グレーゾーン」に足を踏み入れたらケガのもと。だから、組織を成功に導くリーダーになるためには、「何がフェアプレイか？」を見極める感覚（センス）を磨くとともに、「心理戦」を戦えるだけの経験値を蓄積することが不可欠なのです。

第4章

リーダーは〝お利口〟になるな

行動力

15「行動」するから思考が深まる

――画期的な「アイデア」を生み出すために大切なこと

「落ち着きがない」ことは美徳である?

「フットワークが軽いね」

僕は若い頃から、よくそんなふうに言われました。

「フットワークが軽い」と言うとポジティブな印象ですが、別の人には、「君は落ち着きがない」と叱られたりもするわけです。表現の違いはあれ、僕が一箇所にじっととどまっているのが苦手で、「面白そう」「なんだあれ」と思うと、その現場に行かずにはいられない性格なのは間違いありません。

そして、僕はリーダーとして、この性格に助けられてきたと思っています。

というのは、経営の「答え」は現場にあると信じているからです。教えを受けたい人がいたら、あらゆるツテを頼って会いに行って、直接面と向かってお話を聞く。あるいは、気になる場所や出来事があったりすれば、フットワーク軽くどこへでも足を運んで、自分の目で見て、耳で聞いて、触ってみて、匂いを嗅いでみる。

このように、自分の身体全体で体験してみるからこそ、本当の意味で「考える」ことができるように思うし、自分なりのユニークな「答え」に辿りつけるような気がするのです。しかも、「理屈」で考えたことではなく、「身体全体」で考えたことだからこそ、「これでいこう!」と腹が座る。それは、リーダーにとって重要なことではないかと思います。

たとえば、ウィンター・ミーティングへの参加もそうでした。

ウィンター・ミーティングとは、メジャーリーグとマイナーリーグの全チームの代表、オーナー、GM、監督、スカウトなどのほか、選手の代理人やスポーツメーカーなど、プロ野球に関係するあらゆる人物・組織が参加して、毎年12月頭に開催される一大イベントです。

そこで、リーグ全体の運営課題についての話し合いや、選手の去就やトレードなどの交渉が行われるほか、スポーツメーカーをはじめとするさまざまな企業が、球団経営に資する自社商品を出展したりするわけです。

もちろん、僕が楽天野球団に入った当初は、ウィンター・ミーティングの存在など知りませんでした。

しかし、社長就任後しばらくすると、スカウト部長だった安部井寛さん（現・日本野球機構野球運営本部長）が、「ウィンター・ミーティングというのがあるんですが、社長もいらっしゃいますか？」と声をかけてくれました。「何それ？」と聞いて詳しく教えてもらうと、めちゃくちゃ面白そうなので、「行く、行く」とほとんど二つ返事で参加を決定しました。

だって、プロ野球の本場であるアメリカの経営者たちに直接会えるかもしれないんですよ？ 球団経営の〝ど素人〟である僕が教えを乞うには、これ以上の人たちはいません。

しかも、大ヒット映画『マネーボール』のモデルとなったＧＭであるビリー・ビーン氏も参加すると言います。データ分析を駆使しながらチーム強化を図って、大きな成果を挙げた彼の話もじっくり聞いてみたかった。

そう考えると、もういてもたってもいられない。メジャーリーグの球団社長やビリー・ビーン氏などのアポをどんどん取ったうえで、アメリカはナッシュビルのウィンター・ミーティングの会場に乗り込んだのです。

当事者の「生の声」こそが大切である

収穫はたくさんありました。

なにしろ、スポーツ・ビジネスの最先端を走るメジャーリーグの経営者などに直接話を聞けるのですから、ほとんど日本のプロ野球しか観てこなかった僕には、「驚き」と「発見」と「納得」の連続。そうした情報は、雑誌や書籍などからも吸収することはできますが、本人たちの生の声を聞けるうえに、質問もできるわけですから、得られる情報の「質」と「量」が桁違いなのです。

驚いたのは、彼らがびっくりするほどオープンであることでした。

日本ではまず部外者に見せないような経営データなども、拍子抜けするほど簡単に見せてくれました。おそらく、彼らは情報を囲い込むことで自社を守るという発想ではなく、お互いに情報をオープンにしながら、新しいアイデアを生み出すことにおいて競い合っているのだと思います。それは、非常に建設的なビジネス環境であるように、僕には感じられました。

ウィンター・ミーティングではさまざまなことを学びましたが、特に興味深かったのは、チーム強化のためのデータ管理の手法に関する情報でした。

というのは、僕が入社する前から、楽天野球団はチームに関するデータを蓄積・分析するためのシステムを構築する計画を立てていたのですが、僕の目には、発注先のシステム会社に〝丸投げ〟しているように見えたため、いったん、そのプロジェクトを中止するという決断をしたばかりだったからです。

そんな僕にとって、ビリー・ビーン氏をはじめとする、大リーグの最先端を走る人々から、どのようなデータを取って、そのデータをどのように管理しているかについて、詳しい話を聞けたのは非常に大きな収穫でした。

「人脈」がアイデアをもたらしてくれる

それだけではありません。

ウィンター・ミーティングに参加したことで、大リーグをはじめとするアメリカのスポーツ・ビジネスの人脈を得られたことも非常に大きかった。

さまざまな経営者やGM、監督などとの関係性ができると、「シーズンが始まったら、球場を見学に行ってもいいか？」と頼めば、「もちろんOKだ。いつ来る？」などとフランクに対応してくれるし、「○○の話も聞いたほうがいいぞ」などと面白い人物を紹介してくれたりもします。

その後、僕は折りに触れてアメリカを訪問して、プロスポーツの重要人物と会ったり、球場をはじめとする現場を見て回ったりして、どんどん「質」の高い情報を吸収してきましたが、その最初のきっかけを与えてくれたのはウィンター・ミーティングだったのです。

そして、何度も訪米して、さまざまな球場を見て回ったり、スポーツ・ビジネスの人脈を深掘りしたりするうちに、プロスポーツの最先端のトレンドを肌感覚で理解できるようになっていきました。

たとえば、アメリカの球場は「野球を観る場所」としてだけ存在しているわけではなく、「ボール・パーク（Ball Park）」として捉えるのが当たり前になっていました。球場の周辺を公園として整備して、そこでバーベキューをやったり、子どもたちが野球をして遊んだり、みんなが思い思いに楽しんでいるわけです。

それをさらに発展させ、遊園地や商業施設、宿泊施設などを球場と一体的に整備することで、まったく新しい〝街づくり〟を行う球団も出現。それまでの球団経営とは次元の違う取り組みが始まっていたのです。

「行動」しなければ、何も始まらない

それに刺激を受けた僕は、楽天野球団としても何かできないかとずっと考え続けていました。そして、さまざまな情報を集めながら、社内で何度も議論を重ねるなかで、あるアイデアに辿りつきました。

「観覧車」です。

楽天球場のレフトスタンドには、「楽天山」と呼ばれる盛り土があり、小さな子どもたちが遊んでくれたりはしていましたが、それ以上のことはないまま放置されていました。ここに「観覧車」を置いたら面白いんじゃないかと思ったのです。

しかも、「楽天山」のうえに設置すれば、観覧車から球場全体を見下ろすことができます。かつてない「観戦体験」を提供することができるわけで、きっとお客さまも喜んでくださるはず。アメリカの本格的なものには及びませんが、それも立派な「ボール・パーク」だと考えました。

そして、全国をくまなく探し回った結果、閉園することが決まっていた仙台ハイランドから、4人乗りのゴンドラ16台を備える「観覧車」を安く譲り受けることが決定。三木谷オーナーの後押しもあり、アスレチックやメリーゴーラウンドも併設した、無料で楽しめる「遊園地」としてオープンすることにしました。

このプランを江崎グリコ株式会社の江崎悦朗社長（当時専務）にご説明したところ、「被災地の皆さまの憩いの場になるのであれば」と協賛してくださり、2016年5月3日に「スマイルグリコパーク」として営業開始。お子さまのいるご家族はもちろん、数多くのお客さまが「観覧車」をお目当てに球場に足を運んでくださるようになりました。

また、この「観覧車」が楽天球場の際立ったランドマークになったことで、単なる球場ではなく、行くだけで楽しい場所——まさに「ボール・パーク」——という印象を多くの方々にもっていただけたように思います。

しかも、野球場の敷地内に本格的な「観覧車」を常設するのは、日本はおろかメジャーリーグのスタジアムでも初めての事例でしたから、多くのメディアも積極的に取り上げてくれました。こうして、球団のＰＲとしても大きな成果をあげることができたのです。

このように、僕たち楽天野球団は、いろいろなアイデアを実行してきましたが、そのきっかけのひとつとなったのは、社長就任直後のウィンター・ミーティングへの参加でした。

あのとき、フットワーク軽くウィンター・ミーティングに乗り込むという「行動」を起こしたからこそ、アメリカでの人脈が広がり、日本では得られない「アイデア」に刺激を受けることができたのです。

もちろん、アメリカで成功したことが、日本でも成功するとは限りませんが、世界最先端のスポーツ・ビジネスの動きを肌で感じることで、自分の「思考」を飛躍的に広げることができたと実感しています。そして、そのことによって、他にはない「アイデア」も自然と生まれるのだと思うのです。

だから、僕はこう考えています。

リーダーは、まず「行動」することが大事。「行動」することで、さまざまな「刺激」を受け、その結果、自然と「思考」も深まっていくのだ、と。

可能性

16 リーダーは〝お利口〟になるな

――「怖いもの知らず」という武器を活かす

「アンドリュー・ジョーンズ」という大スター

「アンドリュー・ジョーンズ（A・J）と会えるかもしれません」

楽天野球団の安部井寛スカウト部長に、そう聞かされたのはウィンター・ミーティングの真っ最中でした。

ウィンター・ミーティングには、選手の代理人なども多数参加して、トレードをはじめとする交渉もさかんに行われています。そこでA・Jの代理人から、「いまアトランタにA・Jがいる。そこに行けば、会えるかもしれない」という話を聞いたのだと言います。

もちろん、僕は「じゃ、行こうよ」と即決。安部井さんを含むスカウト陣3人と僕で、彼らがどこかから調達してきたボロ車に乗り込んで、ウィンター・ミーティングの開催地であるナッシュビルから、A・Jのいるアトランタへと向かったのです。

A・Jの名前を初めて聞いたのは、渡米する前のことです。アメリカのエージェントからスカウト部に入った、「どうやら、A・Jがフリー契約になるらしい」という情報を社長である僕にも共有してくれたのです。

当時は大リーグに関する知識がほとんどなかった僕にとって、A・Jの名前は初耳。「誰それ？」と聞くと、安部井さんは「は？　知らないんですか？」と呆れながらも、興奮気味にその凄さを教えてくれました。

カリブにあるキュラソー島の出身で、1996年にアトランタ・ブレーブスでメジャーデビュー。1998年から10年連続でゴールドグラブ賞を受賞したほか、2005年から2年連続で「40本塁打・100打点」を記録。大リーグを代表する外野手として、ブレーブスの黄金期（A・J在籍中に2度のリーグ優勝）を支えたスター選手でした。

しかし、2007年にドジャーズに移籍して以降は成績が振るわず、レンジャーズ、ホワイトソックス、ヤンキースと渡り歩きましたが、2012年の後半戦には打率1

割台と大苦戦。いよいよフリー契約かと取り沙汰されていたのです。

そのときの僕は、A・Jの凄さをまだちゃんと認識できていませんでしたが、たしかに魅力的な選手だと思いました。

というのは、星野監督からは、「楽天の選手たちは〝負け癖〟がついている。優勝を知っている、強力な外国人助っ人がほしい」という要請を受けていたからです。しかも、当時の楽天打線は左バッターが多かったので、右バッターであるA・Jが4番に座れば相手チームにとって「厄介な存在」になると思いました。

とはいえ、本当にフリー契約になるかどうかもわからない状況だったし、そもそも、スカウト部も冗談半分で、そんな大スターを楽天野球団が獲得できるとは思っていないように見えました。だから、僕も「そうか、A・Jというすごい選手がいるんだな……」くらいの気持ちで聞いていただけだったのです。

「可能性」があるなら、まず動く

ところが、車で数時間かけてアトランタに行けば、「そのA・Jに会えるかもしれない」となれば、一気にリアリティが出てきます。

もちろん、「会えるかも」という不確定な状況ではありましたが、アトランタに行かなかったら、会える確率はゼロ。だったら、行くしかないですよね？　そこで、とにかく「動いてみる」ことにしたのです。

これがまた珍道中となりました。

飛行機を使えば1時間ちょっとで着くのに、車に長時間閉じ込められたことに、いささかウンザリした僕はブーブー文句も言ってしまいましたが、その時間を、A・Jに関する資料や動画を見たり、彼らからいろいろ教えてもらったりと、勉強タイムとして使えたのは好都合でした。

ところが、ようやくアトランタのホテルに到着したときには、もう真夜中。お腹が減っていたので、チェックインを済ませると、すぐに出かけようとしたのですが、そのあたりのストリートは明らかにやばい雰囲気。「おい、下手したら殺されるぞ」と、身の危険を察知した僕たちはダッシュでホテルに帰還。仕方がないのでインスタント食品で空腹をしのぐという、さみしい展開になってしまったのです。

しかも、翌日はＡ・Ｊは会えないと言います。

仕方ないので、みんなでアトランタ・ブレーブスの球場を見に行きました。

しかし、これが僕にとっては大きかった。というのは、ブレーブスの球場内のあちこちに、アトランタの英雄であるＡ・Ｊにまつわるさまざまなものが飾られていたほか、映像なんかもガンガン流されているのを目の当たりにしたからです。

それを見て、ようやく僕は、「Ａ・Ｊって、こんなにすごいやつなのか……」と腹に落ちたのです。しかも、球場の売店のスタッフなど2～3人に、Ａ・Ｊのことをいろいろ聞いたのですが、「Ａ・Ｊって性格もいいの？」と尋ねると、全員がにっこり笑って「すごくいい人ですよ」「人気者だね」などと口々に回答。それが僕にとっては決定的でした。


選手としてすごい実績があって、優勝経験も豊富で、しかも性格もいい。選手としての全盛期はすぎているかもしれないけれど、楽天野球団の若い選手たちを引っ張っていくリーダーシップを期待できるんじゃないかと思ったのです。

「よっしゃ、なんとしてもＡ・Ｊを獲るぞ」と決めた僕は、三木谷オーナーや星野監督にも連絡を入れました。おふたりともＡ・Ｊと交渉すること自体は前向きな反応を示してくださいましたが、「あのA・Jが本当に相手にしてくれるのか?」「やれるならやってみろよ」という雰囲気も伝わってきたように記憶しています。

その後、スカウト部長である安部井さんからも星野監督に電話をかけて状況説明をしたときには、「お前、本当にA・Jなんか獲れるのか? 悪いやつに騙されてるんじゃないのか?」と言われたそうです。

契約は「一発サイン」をめざす

そして、状況は動きました。

実際にアトランタまでやってきたことが相手の気持ちを動かしたのでしょう、その翌日に、A・Jが「会うと言っている」という連絡が入ったのです。

その報を受けて、僕たちはすぐに作戦会議を開きました。そこで僕が主張したのは、「一発でサインさせる」ということ。これに、スカウト陣の3人は「そんなことできるわけがないじゃないですか?」と呆気に取られていました。

彼らは何度も外国人選手の獲得交渉をやってきた実績がありますが、〝たった1日〟

でサインしてもらうなんてあり得ないと言います。

まず代理人と何度か話し合って〝地ならし〟をしたうえで、本人と出会って契約書にサインしてもらうのが通常のプロセス。早くても数日はかかり、大物になればなるほど時間がかかる。Ａ・Ｊクラスの超大物であれば、数週間はかかってもおかしくないと言うのです。


だけど、僕は譲りませんでした。

もちろん、相手のある話だから、「一発サイン」ができないこともあることはわかっています。だけど、こちらとしては「一発サイン」をさせるための作戦を考えると言い張ったのです。

これは、金融マンだった頃からの僕のやり方です。特に、相手が大物であればあるほど、なんとしても「一発サイン」できるように作戦を練っていました。

なぜなら、いくら「好感触」を得ていたとしても、気が変わったら終わりだからです。特に大物に対しては、僕のライバルがあの手この手でアプローチしてきますから、いくらでも変節する可能性があるわけです。

つまり、なんとか「一発サイン」をしてもらうことで、なるべくはやく〝安全圏内〟

に到達する必要があるということ。それが、ビジネス交渉における僕の「鉄則」だったのです。

「破格の契約金」で腹を決める

問題は「金額」です。

日米球界の契約金の相場、楽天野球団の懐事情《ふところじじょう》などを踏まえつつ、2~2・5億円を上限に設定。もちろん、大リーグの球団がA・Jを獲りにくれば、この金額では勝ち目はありませんが、〝ない袖〟は触れません。

あとは、チームの優勝、打率、本塁打数などの基準を達成したら支払うインセンティブでいかに納得を引き出すかが勝負だと考えました。

とはいえ、これは、楽天野球団としてはかつてない破格の金額です。一瞬躊躇はしましたが、すぐに「これでいこう」と決断。球団の財務状況を踏まえて、A・Jに多額の投資をしても、全体で辻褄を合わせる算段はつけられると思いましたし、星野監督が求めている「強力な助っ人」としてA・J以上の逸材がいるとは思えませんでした。

しかも、「優勝」という目標を早期に達成するためには、A・Jクラスの「助っ人」が不可欠。「やるしかない」と腹をくくるとともに、そのようなロジックで三木谷オーナーの了解を取り付けて、A・Jとの交渉に臨むことにしたのです。


そして、交渉当日――。


交渉場所として、A・Jは高級ホテルのレストランのワンフロアを貸し切ってくれていました。そこにA・Jはマネージャー3人を伴って現れ、僕たち4人と計8人でテーブルを囲んで交渉はスタート。僕はいろいろな話をしましたが、特に力を込めて伝えたのは次の2点でした。

まず第一に、楽天野球団は東日本大震災によって大きな被害を受けた東北を拠点とする球団であるということです。

そして、三木谷オーナーや星野監督をはじめ球団を挙げてめざしているのは、楽天野球団が「優勝」することによって、被災地東北の方々を元気づけることであると熱く語りかけました。東日本大震災のことはアメリカでも報道されていたため、A・Jもこの話には何度も頷きながら耳を傾けてくれました。

そして、第二に力説したのは、「優勝」させるためには、強力なリーダーシップを発揮する選手が必要だということでした。

楽天野球団にはいい選手がたくさんいるが、若い選手が多く、「優勝経験者」がほとんどいない。だから「勝つ」ために何をしたらいいのかが、はっきりとわかっていない。だから、あなたのような「実績」をもつ一流の選手にリーダーになってもらって、そのスピリットをチームに植え込んでほしい……。

A・Jの「顔つき」が変わった瞬間

このような話をしたときに、A・Jの顔つきがはっきりと変わりました。

そして、彼は誇りの高い男でした。全盛期を過ぎた大リーガーが、最後に日本で〝ひと稼ぎ〟して引退するのはよくある話ですが、A・Jはそんなことがしたいわけではなく、自分がこれまでに培ってきたものを、若い選手に伝えてから引退したいという明確な意思をもっていると感じたのです。

しかも、彼はレギュラーとして活躍したいという強い願いももっていました。であれば、もしも大リーグの球団が彼を口説きにかかっても、僕たちに〝勝ち目〟があると思いました。大リーグの球団のほうが契約金は高いけれども、レギュラーとして活躍できる可能性は決して高くはなかったからです。

だから、僕はグイグイと押しまくりました。

5~6時間に及ぶ交渉でしたから、途中でイスの上で〝胡座《あぐら》〟をかいて、A・Jを口説き落とそうと熱弁を振るっていたのですが、その僕の熱意に応じるように、A・Jも身を乗り出すようにして、野球に対する熱い思いを語ってくれました。そして、「これはいける」という感触をつかんだ僕は、金額の話を持ち出しました。

すると、一瞬、A・Jの表情が曇りました。

大リーグの相場からすればかなり安い金額だから、その反応は想定内。だから、僕は全くひるみませんでした。

彼はきっと、楽天野球団でレギュラーとなり、リーダーとして活躍することを選択してくれると確信していたので、「今日、契約書にサインしてほしい」「もしそれができなければ、この話はなしだ」とグイグイと強気で押しまくったのです。

契約書は所詮は「紙切れ」にすぎない

しかし、彼は戸惑いを隠しませんでした。

そして、代理人たちと相談をするために、2〜3回ほど退席して、30分ほど帰ってきませんでした。

彼の一存でいきなり日本行きを決めることはできませんから、おそらく、ご家族をはじめとした関係者に電話で相談していたのでしょう。交渉の場に戻ってくるたびに、いろいろな要求をしてきましたが、それらの調整をうまくつけると、ついに彼は「わかった。サインするよ」と言ってくれたのです。

こうして大仕事を終えた僕たちは、その晩、4人で祝杯をあげました。

だけど、それで安心したわけではありません。いくらサインしてもらったとはいえ、契約書は所詮は紙切れです。その気になったら、いくらでも反故《ほご》にできる。だから僕は、A・Jが本当に日本にやってくるまでは気を抜かず、「助っ人」は探し続けるように、スカウト部長たちには指示をしました。

とはいえ、Ａ・Ｊの獲得は大きかった。

ビッグネームとの契約が決まったことで、三木谷オーナーを筆頭に、選手、球団社員まで、みんなの期待感が高まりますし、メディアの注目度もアップします。その結果、球団に「運気」のようなものが吹き込まれるというか、球団をとりまく空気がポジティブなものへと変わったように思うのです。

また、僕にとって嬉しかったのは、この一件で、星野監督が球団社長としての僕を信頼してくれるようになったことです。

おそらく、星野監督の「優勝を知っている、強力な外国人助っ人がほしい」という要望を受けて、僕が全力でＡ・Ｊをとりに行ったのを見て、「こいつは、口だけじゃないんだな」と認識してくださったのでしょう。

これ以降、僕になんでも話していただけるようになったり、僕の話に真剣に耳を傾けてくださるようになったと思うのです。これは、本当に嬉しかったし、球団経営にとっても非常に大きなメリットをもたらしてくれたと思っています。

「怖いもの知らず」という武器を活かす

もちろん、これは僕の手柄ではありません。

安部井さんをはじめとするスカウト陣がいなければ、あんなことは起こりえなかったわけですから、僕がやったことはほんの一部にすぎません。だけど、僕なりに全力を尽くして、A・Jを獲得できたことは本当に幸せなことでした。

なぜなら、僕たちの期待どおり、A・Jは、チームのリーダー（精神的支柱）として大活躍。松井稼頭央選手や嶋基宏選手などリーダー格の日本人選手とも良好な関係を築いてくれたうえに、選手たちが言えないようなことを星野監督に伝えてくれる唯一の存在でもありました。

それに、A・Jとともに、打線の中軸を担ってくれたマギー選手を獲得するように推薦したのも実はA・Jで、A・Jの推薦がなければマギー選手が入団することもなかったと思います。

そんなA・Jがいてくれたおかげで、シーズンを通して最高のチームワークを維持できたのだし、野球選手として圧倒的な実績をもつ彼が若い選手たちを叱咤激励することで「勝利への執念」のようなものも植え付けてくれたように思います。まさに、2013年の楽天野球団の初優勝の「立役者」になってくれたのです。

ただ、こうして当時のことを振り返ると、「あの頃の自分は、〝怖いもの知らず〟だったな……」という気がします。

決してネガティブな意味ではありません。そうではなく、当時の僕は、プロ野球のことも大リーグのことも知らない〝ど素人〟だったからこそ、大リーグのレジェンドであるA・Jに対してあんな交渉ができたように思うのです。

今だったら、僕は業界のことを知ってしまったがために、「A・Jに対して、こんな金額で交渉はできないよな……」「さすがに相手にしてくれないよな……」などと考えて一歩を踏み出さなかったのではないか。つまり、経験を積んだことで「知恵」「知識」がついた反面、「行動力」に制限をかけてしまったような気がしてならないのです。

もちろん、単なる「怖いもの知らず」で突っ走ることで、致命傷を負うこともありますから、それを手放しで推奨するわけにはいきません。

あの頃の僕だって、三木谷オーナーや前社長の島田さんが僕を見守っていてくださり、絶妙な「手綱さばき」をしてくださったからこそ、「怖いもの知らず」で突っ走っても大事故は起こさなかったように思います。

だけど、あのとき、僕のような「怖いもの知らず」がいなければ、おそらくA・Jは楽天野球団には来なかったはずです（日本にも来なかったかもしれません）。とすると、やはり「怖いもの知らず」であることは、リーダーにとって「武器」であると言ってもいいような気がするのです。

もう一歩踏み込んで言えば、「怖いもの知らず」で失敗することがあったとしても、それが致命傷でさえなければ、その失敗経験から多くのことを学ぶことができるはず。それも成長の一過程と捉えることができるわけです。

そう考えると、リーダーになったときは、あまり〝お利口〟になろうとせずに、「怖いもの知らず」という武器を生かしたほうがいいように思います。それと同時に、あまり長くリーダーにとどまると、「知恵」や「知識」が邪魔をして、「行動力」に制限がかかってしまうという「弊害」が生じることも認識しておくべきでしょう。

感情

17「怒り」をマネジメントする

——あえて「怒り」のボリュームを上げる理由

「怒り」を抑えるのではなく、「怒り」を適切に表現する

「アンガーマネジメントが必要だ」

僕がこんな言葉を口にすると、知り合いの人たちは「どの口が言ってるの?」と訝《いぶか》しく思うかもしれません。なぜなら、僕は頭にきたら、それを正直に伝えるタイプだからです。時には、激しく怒ることもある。だから、「お前こそ、アンガーマネジメントを身につけるべきだろう?」と言われるに違いないと思うんです。

だけど、それは誤解だと言いたい。

いや、決して僕が「怒りをはっきりと表現する」ことに誤解があると言いたいわけではありません。「アンガーマネジメントって、怒りを抑えるってことでしょ?」となんとなく思っている人がいるように思うのですが、それが誤解ではないかと言いたいのです。

僕の理解はこうです。アンガーマネジメントとは、怒りを抑える技術ではなく、怒る必要のあるときに、適切な表現で相手にその感情を伝える技術である、と。そして、まだまだ未熟ではありますが、僕なりにそれを意識しながら、自分の感情と向き合っているつもりなのです。

特に、リーダーにとって、このアンガーマネジメントは不可欠ではないでしょうか。怒りの感情を制御できなければ、組織内に「反発」「恨み」などの感情が鬱積して機能不全に陥りますが、一方で、必要なときに怒りを表現できないようでは、組織の規律はあっという間に崩れ去るのではないでしょうか。アンガーマネジメントは、リーダーの生命線を握っているといっても過言ではないと思うのです。

もちろん、僕はまだまだ修行中です。

すでに書いたように、楽天野球団の社長になった当初は、社員たちが、「とんでもない社長が来たぞ。なんか怒ってばっかりいるぞ。どうするよ?」などと囁き合っていたのですから程度は知れています。

とはいえ、僕なりに「怒り」や「イライラ」の感情と向き合いながら、それを適切に表現しようと試行錯誤をしていたのは事実。そうでなければ、リーダーとして仕事ができないのだから、それが当然のことだと考えていたのです。

僕のイメージはこんな感じです。

何らかの出来事に遭遇して、「怒り」や「イライラ」の感情が沸き起こってきたら、それを抑えつけるようなことはしません。

そんなの、そもそも無理な話でしょう。だって、そういう感情が沸き起こってくるのは、いわば自然現象のようなものなんですから。それを無理やり押し殺そうとするのは、自然に逆らおうとするのと一緒で、そんなことばっかりしていたら、ストレスが溜まりまくって、おかしくなってしまいますよね?

もっとも、すごく失礼なことをされたときであっても、仕事やプライベートで継続的にお付き合いをしているわけではない相手に対しては、「怒る」というエネルギーをかけることはしなくなりました。だけど、継続的な関係性のある相手に対しては、僕のなかにネガティブな感情が沸き起こったことを伝えることこそが、人間関係を建設的なものにするために大切なことだと思うのです。

とはいえ、自然な感情だからといって、それをそのまんまぶちまけていたら組織は壊れてしまうでしょう。

だから、置かれた状況に応じて、その感情をさらに増幅させて怒ってみせたり（つまり、怒る演技をする）、抑制的にそれを伝えたりといった形で感情をマネジメントする。いわば、テレビ音声のボリュームを操作するようなイメージで、感情をコントロールするわけです。

僕がいつも「オープンな場所」で怒った理由

第一に、僕が意識していたのは「公開性」です。

僕は、よほど機密性の高い事柄でなければ、基本的に職場のみんなに聞こえるように「怒り」を表現するようにしていました。

もちろん、僕が直接怒るのは部長級の人間であるうえに、怒られることに耐性のある相手にしか「怒り」を表現することはしませんでした。その前提のうえで、僕はなるべくオープンな場で「怒り」を伝えるようにしていたのです。


それには、いくつかの理由があります。

第一に、リーダーが「何に対して怒るのか？」を明示することで、組織の方向性をみんなに共有できるからです。

たとえば、僕は、「お客さまや取引先から苦情が入った」といったネガティブ情報を隠したり、「嘘」をついたりしたときには、沸き起こった「怒り」を、ほとんど手を加えることなくそのまま表現しました。場合によっては、「怒り」のボリュームを上げて、「激怒している」という演技をしたこともあります。


なぜなら、こうした情報の「隠蔽《いんぺい》」や「嘘」を放置すれば、間違いなく組織を危機に陥れることになるからです。

会社が外部の方に迷惑や被害を与えたような場合には、いかにすばやく適切な初動を行うかが決定的に重要です。そのためには、とにかく問題が発生したときに、躊躇なくリーダーである僕にまで情報が届かなければなりません。これこそが、組織の「生命線」と言っても過言ではないのです。だから、「隠蔽」や「嘘」があれば、僕は「激しい怒り」を演じたのです。

「一貫性」こそが、リーダーの生命線

一方、ネガティブ情報が上がってきたら、その問題を引き起こした原因究明や責任追及は後回しにして、即座に問題解決に集中するようにしていました。もちろん、そこに「誰かを怒る」ような暇も余裕もありません。そんなことよりも、とにかく情報収集と問題解決に全精力を注ぎ込むわけです。

もちろん、「なんで、こんな問題を起こすんだ」といった感情が全く起きないと言えば、それも嘘になります。

だけど、その感情を表に出してしまうと、社員のなかに「ネガティブ情報を報告するのを躊躇する気持ち」が生まれてしまうでしょう。だから、この「感情」のボリュ

ームは最小限に下げて、むしろ、「ちゃんと情報を上げてくれたことを感謝すべきだ」と、自分に言い聞かせていました。

このように、ネガティブ情報を「隠蔽」したり、「嘘」をついたりしたときには全員が見聞きしているオープンな場所で「強い怒り」を伝え、ネガティブ情報を躊躇なく「報告」してくれたときには、同じくオープンな場所で「感謝」を伝えることによって、「ネガティブ情報は即座に報告する」のが当たり前の企業文化が育まれていくのだと思うのです。

社員の気持ちに寄り添うために「怒る」

そこで重要になるのが「一貫性」です。

当たり前のことですが、リーダーがそのときの気分で「怒っている」ようでは、組織の動き方に一定の方向性を与えることなど不可能だからです。「隠蔽」や「嘘」が発覚したときには、必ず「怒る」という「一貫性」があるからこそ、メンバーはそこに明確な意思を読み取って、それに対応しようとしてくれるのです。

もうひとつ、「オープンな場所で怒る理由」をお伝えしておきましょう。

それは、一部の社員の心情に寄り添うためです。どういうことか、エピソードをご紹介しながらご説明したいと思います。


ある年のシーズンオフのことです。

外国人選手の獲得交渉が大詰めを迎えていました。

国内の複数の球団が獲得に乗り出していた「注目の選手」で、一時は他球団有利の報道も出ましたが、粘り強く交渉した結果、その選手の気持ちは徐々に、楽天野球団へと傾いていきました。


そこで、僕は「もう大丈夫だろう」と考え、「詰め」の交渉をスカウト部長だった安部井寛さんに任せました。

とはいえ、いまだ争奪戦は続いており、ある球団が、楽天野球団をはるかに上回る金額でのオファーを出しているという情報も入っていました。当然、その外国人選手も、他球団の提示額を材料に、年俸の上積みを求めてきます。

そのため、最終交渉のためにアメリカに渡った安部井さんは、僕が事前に了承していた年棒に無断で金額を上乗せをして、なんとか口頭合意に成功。喜び勇んで帰国した彼は、満面の笑みを浮かべながら僕のデスクにやってきて、こう報告しました。

「いやぁ、予算をちょっとオーバーしちゃいましたけど、なんとか口頭合意を取り付けることができました！」

僕は、もちろんムッとしました。

口頭合意とはいえ僕が事前に伝えた金額を、何の相談もなく大幅にオーバーさせるのは明らかにＮＧ。しかも、悪びれる風もなく……。彼のそういう陽性な性格は大好きですが、これはさすがにＴＰＯを意識しなさすぎでしょう。

あえて「怒り」のボリュームを上げる理由

しかも、「これはマズい！」とも思いました。

なぜなら、職場には、日々、売り上げを立て、利益を出すために、必死で走り回っている事業部の人間がたくさんいたからです。彼らは、利益を出すのがどれほどたいへんなことかを骨身に沁みてわかっています。

もちろん、彼らはそんなことは口には出しませんが、「外国人選手と契約するために、ポンッと大きな金額を上乗せにするって、どういうこと?」と思うに決まっています。

これをスルーしたら、部門間の「壁」が分厚くなりかねない……。そう思った僕は、ここは「怒り」のボリュームを少し上げたほうがいいと直感。安部井さんに対して、こう一喝したのです。

「その金額のどこが『ちょっと』なんだ!」

本当のことを言えば、難しい交渉をまとめてきたことについて、労《ねぎら》いの言葉をかけるべき場面でもありましたから、温厚な安部井さんも「え? なんで?」と驚いたような表情をしました。

だけど、僕は、事業部のメンバーのなかに、安部井さんに対する悪感情が生まれないようにと思って、次のように畳みかけました。

「『ちょっとオーバーしちゃったけどまぁいいか』程度に考えているのなら、お前がその金額を稼いでこい!」

さすがの安部井さんも、これには腹が立ったのか、「わかりました、稼ぎますよ！」と啖呵《たんか》を切って引き上げていきました。

「今頃、俺の悪口言ってんだろうな……」と思っていましたが、あとで聞いてみれば、スカウト部の同僚を誘って馴染みのお蕎麦屋さんに行って、「あれだけの金額、どうやって稼いだらいいんだろう」と作戦会議を開いていたといいます。

そして、実際に彼らは、事業部と連携しながら、チケットを売ったり、獲得した外国人選手のグッズを企画したり、無断で上乗せした金額の「穴埋め」をしようと努力してくれたのです。

このような姿勢を目の当たりにした事業部は、スカウト部に対して信頼感をもつようになりました。しかも、心理的な距離が近づいたことで、両者のコミュニケーションの「質」も上がったようで、お互いの「仕事の大変さ」を思いやりつつ、協力し合うような機運が生まれていったのです。

もちろん、このような展開になったのは、スカウト部と事業部のメンバーたちの人柄がよかったからですが、僕が、あえて「怒り」のボリュームを上げて一喝したことも功を奏したのではないかと密かに思っています。

このように、僕は、「オープンな場所で怒る」ことを基本とするとともに、状況に応じて、自然と湧き上がった「怒り」の感情のボリュームを上げたり、下げたりすることで組織運営に活かしていきました。それが、僕なりの「アンガーマネジメント」なのです。

ストーリー

18「小さなストーリー」を積み重ねる

――「人の心」を動かすために最も大切なこと

「データ」や「ロジック」で心は動かない

「ストーリー」が人を動かす――。

楽天野球団で経営に携わることで、僕はこのことを痛感させられました。

僕なりに「ストーリー」の重要性は認識していたつもりでしたが、実際に経営者となることで、その深くて重い意味を体感することができたのです。

的確な経営判断をするためには、正確な「データ」と緻密な「ロジック」が不可欠ですが、それだけでは本当の意味で「正しい判断」をすることはできない。「データ」や「ロジック」に万全を期したうえで、最後の最後に判断の拠り所になるのは「ストーリー」だということを思い知らされたのです。

なぜなら、当たり前のことですが、社員もお客さまも「感情」をもった生身の人間だからです。

どんなに「データ」や「ロジック」が完璧であったとしても、それだけで「共感」や「感動」を覚えてくれる人はこの世にはいません。その会社が歩む「ストーリー」に心を動かされるからこそ、社員は潜在能力を最大限に発揮してくれるのだし、お客さまは応援してくださるのだと思うのです。

このことを、僕にまざまざと感じさせてくださったのは星野仙一監督です。

特に印象的だった「ストーリー」をご紹介しましょう。あれは、僕が楽天野球団の社長に就任した翌年の２０１３年のシーズン終盤のこと。当時、楽天野球団で采配を振るっておられた星野監督の頭のなかには、明確な「ストーリー」が描かれていたのです。

もちろん、星野監督からそう聞いたわけではありませんから、確証があるわけではありません。

だけど、星野監督は、「闘将」というイメージとは裏腹に、ファンに喜んでいただき、シーズンを盛り上げるために、メディアなどと上手に付き合いながら、チームの「ストーリー」を描き出す〝優れた脚本家〟でしたから、あの局面において、明確な「ストーリー」を描いておられたに違いないと僕は確信しているのです。

星野監督は「ストーリー」を描き出す脚本家だった

それは、こんな「ストーリー」です。

「2013年のシーズンは田中将大投手のシーズンだから、田中投手が勝って胴上げ投手にならなければいけないし、最後のウイニングボールは田中投手が投げなければいけない」

ご記憶の方も多いと思いますが、楽天野球団が優勝した2013年の田中投手はまさに神がかっていました。

リーグ戦では27試合に先発して、無敗の24連勝を記録。4月16日のソフトバンク戦に先発して7回3失点でリードのまま降板して、その後、逆転負けを喫した（田中投手に勝ち負けはつかなかった）ことがありますが、それが唯一、田中投手が登板して敗戦となったゲームでした。

田中投手が投げたら、楽天野球団が勝つ――。プロ野球史上、かつてないほどの大活躍をしたのが田中投手であり、楽天初優勝の立役者であることは衆目の一致するところだったのです。

それを、あの星野監督が見過ごすはずがありません。

アマチュアスポーツは勝てばいいが、プロスポーツはそれでは足りない。

プロスポーツは単に勝つだけではなく、多くの人々の注目を集めて、世の中に感動を与えて勝たなければ意味がない。そうすることで、ファンに喜んでいただいて、ファンをつくっていく。それが、プロ野球の監督の使命なんだと、星野監督は常日頃の言動で表現されていらっしゃいました。

だから、星野監督が、無敗で勝ち続け、登板するだけで球場が熱気に包まれる、田中投手を主役に仕立てた「ストーリー」を考えないはずがありません。そして、その

「ストーリー」が熱狂を生み出していくのを、僕はこの目で目撃する幸運に恵まれたのです。

「負け」すらも、「ストーリー」の一環である

2013年9月26日――。

その日、楽天野球団の優勝へのマジック2で迎えた西武ライオンズ戦が行われました。この日、マジックの対象チームであるロッテが日本ハムに負けて、楽天が西武に勝てば、楽天優勝が決まるという試合でした。

その試合開始前に、星野監督は僕に歩み寄って、「今日、9回は田中でいきます」と囁かれました。僕もそれを予想してはいましたが、「本当にそうくるか」と少々驚きもしました。なぜなら、田中投手は、開幕以来ここまで先発登板のみでリリーフは一度もなかったからです。

だけど、「やっぱり、田中を胴上げ投手にするおつもりなんだな」とすぐに納得。星野監督が思い描いておられた「台本」どおりだと思ったのです。

そして、7回表にA・Jの2塁打で逆転したあとの9回裏に、星野監督は田中投手を起用。そのアナウンスが流れた瞬間に、球場は大歓声が巻き起こりました。

一部報道では、「その直前にロッテの敗北が決まったから、星野監督は田中起用を決断した」とされましたが、実はこれは誤報です。あのとき、まだロッテの敗北は決まっていなかった。少なくとも、その情報を星野監督はもっていなかった。だけど、星野監督は迷わず田中投手を起用。あれは、星野監督の「賭け」でもあったのです。

その後、球場は異様な雰囲気に包まれました。

田中投手がピッチング練習を始めた頃、ロッテ敗北のニュースが流れたからです。これでマジックは「1」に減少。このまま楽天が勝てば優勝が決定するわけで、まさに星野監督の「賭け」が球場にドラマを生み出したのです。

しかし、初めてのリリーフで制球に苦しんだのか、内野安打と四球で出塁を許し、送りバントで1死2・3塁。しかも、このあと西武打線は3番、4番と続きます。まさに絶体絶命の大ピンチを迎えたのです。

ここからがすごかった。田中投手、嶋基宏捕手のバッテリーは腹をくくったのか、それからは直球一本勝負。3番打者を三球三振に切ってとると、4番の浅村栄斗選手にも渾身のストレートを投げ続けました。そして、2ボール2ストライクから投げ込んだ8球目の直球を空振り三振。その瞬間、田中投手は天を仰ぐように拳を突き上げ、喜びを爆発させました。もちろん、球場全体が歓喜の渦。おそらく、星野監督が思い描いた以上の「劇的なストーリー」が現実のものになったのです。

もちろん、それで「ストーリー」は終わりません。

日本シリーズでも、星野監督は同じ采配をしましたが、思わぬドラマを生み出しました。僕はその展開に文字通り痺《しび》れました。

楽天の3勝2敗で迎えた、巨人との日本シリーズの第6戦。この試合に勝てば「日本一」が決まるというゲームで、星野監督は「勝ち」に行きました。つまり、田中投手を先発に起用したのです。

しかも、ホームグラウンドである仙台の球場でのゲーム。楽天の「日本一」を見るために、球場から溢れかえるほどのファンの皆さまが応援に駆けつけてくれました。しかも、投手は田中。当然、球場は最高潮に盛り上がりました。

ところが、ゲームは思わぬ展開を見せました。田中投手はプロ野球では異例の160球の力投で9回を完投するも、被安打12でその年ワーストとなる4失点。無念の敗戦投手となってしまったのです。

東北楽天ゴールデンイーグルスが、「東北の球団」となった瞬間

これは、おそらく星野監督にとっても想定外だったのではないかと思います。

ところが、結果的には、これが絶妙な「ストーリー」へと繋がっていきました。

というのは、翌日の第7戦において、楽天3点リードで迎えた9回に、星野監督は田中投手を起用。この采配に、球場（仙台のホームグラウンド）は異様なまでの盛り上がりを見せたのです。


これは、普通では考えられない采配です。

前日に160球を投げ切った投手を、翌日にも登板させるのは、野球理論や医学理論ではありえない決断。万一、疲れの残る田中投手が打たれて負けたり、田中投手が肩や肘を痛めでもしたら、星野監督は激しい批判にさらされたに違いありません。

実際、「160球も投げさせて、翌日にリリーフで使うなどありえない」「田中投手

を潰すつもりか？」といった批判が一部で巻き起こりましたが、そんな批判がくるであろうことは、星野監督は百も承知だったでしょう。それでも、星野監督は田中投手の登板を決断したのです。

そして、この決断をファンは大歓声で支持しました。球場に詰めかけたファンは、田中投手の登場曲「あとひとつ」にあわせて大合唱。それはすさまじいほどの応援で、球史に残るとまで言われているほどです。その場に僕もいましたが、球場全体が「絶対に楽天を優勝させよう」と思っていた。いや、「楽天の勝利」「楽天の日本一」を確信していたと思うのです。

その期待に、田中投手は応えました。

打者5人に対して15球を投げて無失点でゲームを締め、楽天野球団史上初の「日本一」を達成。もちろん、田中投手が胴上げ投手となり、2013年のシリーズはまさにクライマックスを迎えたのです。

その後、星野監督は沸き立つ球場で、インタビューに応じて、2011年に東北を襲った東日本大震災の被災者の皆さまを念頭に置きつつ、こう呼びかけました。

「最高！　東北の子どもたち、全国の子どもたちに、そして被災者のみなさんに、これだけ勇気を与えてくれた選手を褒めてやってください」

この発言を、球場に詰めかけたファンのみならず、テレビなどで視聴していた多くのファンの皆さんが好意的に受け入れてくださり、いまだに「名言」としてしばしば言及されています。

楽天野球団の社長である僕にとっても、あの星野監督の発言が大歓声をもって受け入れられたのは非常に嬉しいことでした。なぜなら、このときはじめて、東北楽天ゴールデンイーグルスは「東北の球団」になることができたような気がしたからです。

そして、東北のファンにそのように思っていただけたのは、星野監督が描き出した「ストーリー」が、皆さまの「感情」を動かすことができたからなのです。

僕が「砂浜」にこだわった理由

これはほんの一例です。

星野監督は野球に勝つために、緻密に戦略・戦術を考えていらっしゃいましたが、それと同時に、ファンの「感情」を動かし、チームの「士気」を高めるために、常に

「ストーリー」を意識しておられたと思います。

そして、僕は星野監督に強い影響を受けました。

楽天野球団の経営において、常に「ストーリー」を意識するようになったのです。特に意識したのは、「東北の球団」としての「ストーリー」でした。

たとえば、こんなことがありました。僕が社長に就任した2012年の夏のことです。社員たちが、球場の目の前に、小さなプールと砂浜をつくったのです。その理由を聞くと、まだ東日本大震災からの復興が進まず、子どもたちが海岸に出て遊ぶことができないから、砂浜で遊べる場所をつくりたかったのだと言います。

これに、僕は感動しました。そして、「それいいじゃん！」と大絶賛。そのように、地元の方々の気持ちをお察しして、喜んでもらうために創意工夫をすることこそが、楽天野球団の仕事だと思ったのです。

だけど、その小さなプールと砂浜は、しばらくすると飽きられてしまったのか、利用者が少なくなったため撤去せざるを得ませんでした。それが僕にはもったいないように思えてならず、ずっと気になっていました。

そんななか、楽天野球団創設10周年となる2015年の夏、社員たちは、あのときよりも大きなプールを設置してはどうかと提案してきたので、僕は、砂浜の併設を逆提案。もちろん、大きなプールをつくれば、子どもを遊ばせたい家族連れのお客さまがたくさん来てくださることが期待できますが、それだけでは何か足りないような気がしてならなかったのです。

被災地である東北に拠点を置く楽天野球団にとっては、単にプールを提供するだけではなく、いまだに海岸で思いっきり遊ぶことができない子どもたちのために砂浜を経験させてあげたい。その球団としての「思い」こそが、楽天野球団ならではの「ストーリー」を紡ぎ出すように思ったのです。

「小さなストーリー」の積み重ねが、「企業価値」をつくり出す

あるいは、東北6県の代表的なお祭りに参加したこともあります。

青森の「ねぶた祭り」、秋田の「竿燈《かんとう》祭り」、山形の「花笠祭り」など、東北各地には有名な夏祭りがありますが、地元の主催者にお願いして参加させてもらえるように

働きかけることにしたのです。

もちろん、いきなり神輿《みこし》などを出せるわけではないので、チアリーダーのメンバーが観客の子どもたちにお菓子を配りながら、みんなで「楽天野球団が地元の球場で試合する」ことを知らせる看板を持って練り歩くわけです。

社長である僕は、すべてのお祭りに参加させていただきました。「ねぶた祭り」では、跳人《はねと》としてぴょんぴょん跳ねまくっていたら、ふくらはぎが肉離れを起こして、ちょっとした騒ぎになったりもしました。

でも、こういう小さな出来事が大切だと思います。後日、社員たちが青森の地元を訪問したときには、「肉離れした社長さん、大丈夫?」などと声もかけてもらえたりして、人間らしいお付き合いができるようになるからです。そして、こうしたエピソードの積み重ねが、球団の「ストーリー」を紡いでいくのだと思うのです。

こうしたエピソードは山のようにあります。

とにかく、一つひとつの「判断」「決断」をする際に、「東北の球団」としての「ストーリー」に徹底的にこだわったのです。

時には、明らかに集客が見込めるイベント企画であっても、「そのイベントは東北の球団としてふさわしいのか？」という観点から「不採用」という決定をくだしたこともあります。そのために、社員に負担をかけたこともあったかもしれませんが、僕たちが日々行っている「判断」や「決断」の積み重ねが、企業の「ストーリー」を描き出すのであり、それが「企業の歴史」となるのだからおろそかにはできません。

そして、「企業の歴史」＝「ストーリー」に一貫した「思い」があれば、それはきっとお客さまや取引先に伝わります。そして、それが一朝一夕では生み出すことのできない、強固な「企業価値」をもたらしてくれるのです。

たとえば、「楽天野球団は心から東北6県のために貢献しようとしている」という「ストーリー」を共有していただけるならば、多くの東北の方々は楽天野球団に親近感をもってくださるはずです。これこそ、かけがえのない「経営資源」なのだと思うのです。

社会貢献

19 純粋に「使命」を追求する

──自分の仕事に「自信」をもつたったひとつの方法

「東北のためって、本当か？」

「どこか、しっくりこない……」

実は、楽天野球団の社長になってしばらくの間は、ずっとこのような感覚にとらわれていました。

東北楽天ゴールデンイーグルスは、日本で唯一、チーム名に「東北」を掲げて戦うプロスポーツ・チームです。その名に恥じることなく、名実ともに「東北の球団」として認めていただけるよう、全力をあげているつもりではいました。

東北6県のお祭りにはすべて僕自身も参加させていただき、青森の「ねぶた祭り」

では張り切りすぎて肉離れしたことはすでにお伝えしたとおりですが、それ以外にも、とにかく東北各地に直接足を運んで、一人でも多くの地元の方々とコミュニケーションをとることを心がけていました。そして、心優しい東北のみなさんは、温かく受け入れてくださっていたのです。

だけど、社長に就任した2012年当時は、その前年に発生した東日本大震災の傷が生々しく残っている状態です。

そのような状況のなか、東京生まれ、東京育ちの僕が、いきなり東北の球団の社長に就任したことに対する〝負い目〟のようなものもあったのか、「どこか、しっくりこない」というか、「どこか、自分が偽物のような気持ち」を拭い去ることができませんでした。

どんなに「東北のため、東北のため」と言ったところで、結局は、球団を「黒字化」することによって、経営者として評価されたいだけなんじゃないの？　そんな自分が社長を務めている楽天野球団が、本当に「東北の球団」として認められるのか？

そんな声が、自分のなかにずっとあったのです。

実際、そこにビジネス上の思惑があったのも事実でした。

東京都（約1300万人）、神奈川県（約900万人）、愛知県（750万人）、大阪府（880万人）など人口が集中している大都市圏に本拠地を置く球団とは違い、楽天野球団が拠点を置く宮城県の人口は約230万人ですから、そこだけに集中していては球団経営を成立させるのは困難。東北6県にお住まいの1000万人の方々に応援していただくことは、「黒字化」を達成するうえで不可欠なテーマなのです。

そのような事情が背景にあったため、なおさら、僕は自分の「本心」に自信がもてずにいたのです。

「避難所」に閉じ込められた子どもたち

ところが、ある時、そんな僕に転機が訪れました。

2013年のある日のことです。

僕は福島県の佐藤栄佐久知事（当時）に表敬訪問させていただくことになっていたのですが、ちょうどその日の地元紙・福島民報に、「福島県の子どもの肥満率が全国トップ」という記事が出ていたので、知事にお目にかかったときにその背景を詳しく教えていただいたのです。

当時、福島県はさまざまな流言飛語に苦しめられていましたが、その中には、子どもが外で転んだりすると、土から放射能が入って被曝《ひばく》するといった〝怪しげな情報〟も広く流布していたそうです。

そのため、子どもたちを屋外で遊ばせるわけにもいかず、県内の体育館に予約が殺到して、常に満杯状態になってしまったため、屋外はおろか体育館でも遊べなくなってしまった。その結果、子どもたちが運動不足に陥ったために、肥満率の悪化を生み出しているとのことでした。

僕自身、小学2年生のときに始めたラグビーが楽しくて楽しくて、毎日泥んこになりながらグラウンドを走り回っていましたから、避難所に閉じ込められてる子どもたちのことが可哀想でなりませんでした。

そして、こんな思いがふつふつと湧き上がってきました。

「楽天野球団として、子どもたちに遊ぶ場所を提供できないだろうか。『東北の球団だ』といくらいっても、子どもたちがこんなに悲しんでいるのに、何にもできてないじゃないか。

それに、国や自治体は復興に向けていろいろやっているけれど、子どもたちが運動不足という問題までは手が回らない。そこはスポーツ・ビジネスをやっている俺たちの出番じゃないか。今まさに、球団としての立ち位置が問われているんだ」

その場で佐藤知事に提案すると、「それはありがたい」と快諾してくださいましたので、すぐに楽天野球団の地域密着推進部長だった江副翠さんを担当者に任命。僕が派手に「旗振り」をする裏側で、自治体との折衝をはじめとする実務を一手に引き受けてもらうことにしました。

そして、福島県が調整してくださった結果、相馬市に「体育館」を寄贈することが決定。僕たちは、そのプロジェクトを「TOHOKU SMILE PROJECT」と名付けて、2014年初頭に始動。子どもたちが安全な環境でのびのびと遊ぶための施設「相馬こどもドーム」を建設するために、2億円の費用をすべて募金で集めることにしたのです。

ファンの皆さまとの「かけがえのない交流」

これに、三木谷オーナーや星野監督をはじめみんなが賛同してくれて、楽天野球団を上げてのプロジェクトとしての船出には成功。だけど、一部の社員からは、「立花さんの気持ちはよくわかりますけど、2億円を募金で集めるなんてとても無理ですよ」と言われたこともあります。

たしかに、日常業務をこなしながら、プラスアルファで寄付を募るわけで、彼らに負担をかけるのは事実。そのことは重々承知していましたが、僕は「いいから、やってみようよ。やり遂げたら、すごい達成感があるから」と押し切りました。

だけど、これは彼らの言っていたことが、ある意味では正解でした。

というのは、当時はまだ、クラウド・ファンディングといった便利な仕組みもなかったので、2億円の募金を集めるのは本当にたいへんだったからです。正直、僕の想像をはるかに超えるたいへんさでした。

僕たちはまず、楽天グループはもちろんのこと、楽天野球団のスポンサー企業から、ゴールドマン・サックスをはじめとする世界中の企業まで、考えうる限りの企業に寄付を呼びかけました。その呼びかけに非常に多くの企業が応じてくださいましたが、それだけでは到底2億円には足りません。

そこで、約1年間にわたり、ほぼ全試合において、社員たちが順繰りに募金活動を継続。僕もできる限り球場の出入り口に立って、大きな声で募金を呼びかけました。すると、そんなスーツ組の姿を見たコーチや選手たちも、続々と協力を申し出てくれます。これは嬉しかったですね。スーツ組とユニフォーム組が一緒になって募金を呼びかけることで、自然と「同志関係」ができていきますし、選手も呼びかけてくれると、ファンの皆さまの反応も変わってきます。こうして、だんだんと募金活動に「熱」がこもるようになっていったのです。

何よりも嬉しかったのは、募金活動をすることで生まれたファンの皆さまとのコミュニケーションです。

たとえば、僕が試合前に募金を呼びかけていたら、「福島出身なので、こういう活動をしてくれて本当に嬉しいですよ。ぜひ、相馬の子どもたちのために使ってください」と言いながら、1万円を募金箱に入れてくださる方がいらっしゃいました。

あるいは、あの大震災でお子様を亡くされたご夫婦が、「いまの楽しみは楽天野球団しかありません。応援してますよ」と言いながら募金してくださったこともありました。これには「ありがとうございます」とお返事するのが精一杯。深々と頭を下げながら、涙がこぼれるのを隠していました。

このような経験をしたのは、もちろん僕だけではありません。ほぼすべての社員や選手たちが、募金をしてくださったファンの方々と、何かしら心の通い合うようなコミュニケーションが取れたはずです。おそらく、それは各人にとって「かけがえのない経験」になったと思うし、球団にとってもきわめて貴重な財産になったと思います。

「利益」よりも大切なこと

そして、1年もの間、球団をあげて募金を呼びかけることによって、当初の目標である2億円をなんとか達成することができました。

2014年12月に完成した「相馬こどもドーム」のなかを、大勢の子どもたちが楽しそうに走り回るのを見たときには、心から感動するとともに、全力で募金を呼びかけてくれた社員や選手たちと、それに応じてくださったファンの皆さまへの感謝の気持ちが込み上げきました。

僕に「2億円を募金で集めるなんてとても無理ですよ」と言った社員も、うっすらと涙を浮かべているように見えたので、僕は「ほら見ろよ、やってよかっただろ?」と声をかけると、無言で頷いていました。

この経験は、僕にいろいろな示唆を与えてくれました。

企業経営とは何か? 言うまでもなく、お客さまに喜んでいただくことで「利益」を得て、それを再投資することで、さらにお客さまに喜んでいただく。この無限循環をぐるぐると回し続けることにほかなりません。

しかし、それはあくまでも「経営」に欠かせない一側面であるにすぎないのではないかと思ったのです。もちろん、「お客さまに喜んでいただくことで『利益』を得る」というだけで、その企業には社会的な存在意義があると言えるわけですが、それだけでは足りない「何か」があるように思うのです。

リーダーが「社会貢献」をすべき理由

それは何か? 僕もまだ模索中です。

ただ、おそらく「精神的」なものではないかという気がします。

あらゆる企業には、何らかの「社会的使命」があるはずで、その「使命」を純粋に追求することによって、はじめて得られる「精神的な充足感」のようなものがあるのではないか。そして、そういうものがなければ、企業活動そのものに「自信」がもてないような気がしてならないのです。

たとえば、楽天野球団であれば、「野球というスポーツを通して、東北を元気にする」という使命があります。

しかし、僕は社長になった当初から、その使命を声高にアピールしていましたが、内心では「それは本当か？」という自分の声に苦しんでいました。だからこそ、僕は、体育館を使うことができず、外でも遊べない子どもたちがいると知ったとき、たまらず「相馬こどもドーム」をつくるという行動を起こしたのだと思います。

そして、完成したドームで楽しそうに遊ぶ子どもたちを見て本当に嬉しかったのですが、実はあのとき、救われていたのは僕の方だったのかもしれないという気がします。なぜなら、以前、苦しめられていた自分に対する不信感を克服して、社長として多少は「自信」をもつことができるようになったからです。

だから僕は、リーダーが率先して、自社の「使命」を追求するために、積極的に「社会貢献活動」をしたほうがいいと思っています。

自分たちの会社の「利益」だけを追い求めるのではなく、自分たちの会社の「使命」を純粋に追い求める。それができたときにはじめて、自分たちの会社には社会的な存在意義があるという、企業経営にとって最も根源的な「自信」が与えられるのではないかと思うからです。

第5章
自分の「弱点」を受け入れる

営業力

20 思い切って「ギリギリ」を攻める

――相手との「距離」を近づけるとっておきの方法

リーダーは「営業マン」であれ

リーダーは営業マンであれ――。

僕はそう考えています。自分が営業マンとしてキャリアをスタートさせたからではありますが、あながち外れてはいないように思っています。

中間管理職であれば、社内で自分の担当部署や部下のPRを上手にする必要がありますし、社長であれば、社外に対して自社や社員たちを効果的に売り込んでいく力量が不可欠です。そこで求められるのは、いわゆる「営業スキル」だと思うのです。

ただし、ここでいう「営業スキル」とは、単に商品・サービスを「売る」ことではありません。

僕がイメージする「営業スキル」とは、平たく言ってしまえば、「相手と仲良くなる」ことです。「相手の懐に入る」「相手に可愛がってもらう」など言い方はいろいろあると思いますが、要するに、相手との心理的な距離を近づける技術こそが「営業スキル」であり、これができれば結果的に、商品・サービスは「売れていく」のです。


この傾向は、金融業界では特に顕著です。

金融には難解なイメージがありますが、要するに「人」の商売なんです。もっと言えば、「仲良くなったもん勝ち」なんです。

僕が金融業界に入った当初は、こんな感じでした。当時はインターネットが普及していませんでしたから、お客さまである金融機関との連絡は基本的にFAXと電話。毎日のように、金融機関の担当者にあてて「こんな金融商品、いかがですか？」というFAXを送信したうえで、とにかく次から次へと電話して、キーマンのアポをとって、一緒に飲みに行ってどんどん仲良くなるんです。

そして、業者の誰よりも可愛がっていただけるようになると、他社から届いたFAXを僕に見せながら、「この商品を買おうと思ってるんだけど……」などと教えてくれるようになりますから、「じゃ、これうちの会社でつくりますよ」と言って契約を取っちゃう。僕が若かったころは、極端に言えば、こういう世界だったわけです。

つまり、「商品」ではなく「人」が決め手ということ。

だから、僕は、「相手と仲良くなる」「相手の懐に入る」「相手に可愛がってもらう」という「営業スキル」を徹底的に磨き上げていきました。

ただし、実に面白いことに、この「スキル」を掘り下げていけばいくほど、逆説的ですが、「スキル」という概念からはどんどん離れていくことに気づきました。「スキル」というよりも、「センス」というのが近いような気がしています。

というのは、結局のところ、「相手と仲良くなる」ために大切なのは、「相手を好きになる」「嘘をつかない」「裏切らない」といった、幼稚園の頃からずっと教わってきた、人間としての「基礎基本」を徹底することに尽きるし、それをさりげなく表現する「センス」が問われるように思うからです。

むしろ、小手先の「スキル」で、相手の気持ちを動かそうとしても、最初のうちはうまくいっても、いずれそういう関係は行き詰まります。

だから、とにかく「基礎基本」を徹底することがすべての大前提。そのうえで、人間関係を築くきっかけをつくる「ちょっとした工夫（＝営業スキル）」が効いてくるということを、僕は試行錯誤を続けながら身をもって学んでいきました。

実際、僕の周りにいらっしゃる優れたリーダーは、みなさんそうした「センス」と「スキル」に長けていらっしゃると実感しています。そして、この「営業スキル」によって、楽天野球団の社長として、スポンサーや取引先のトップの方々との関係づくりをするときなどに、おおいに僕を助けてくれました。だからこそ、僕はまだ発展途上ですが、「リーダーは営業マンであれ」と主張したいと思っているのです。

相手が「怒る」か「怒らない」か、そのギリギリを攻める

ここでは、特に有効な「営業スキル」を2つほどご紹介したいと思います。

第一にお伝えしたいのが、「ギリギリを攻める」というコミュニケーション術です。もうあと一歩踏み込んだら相手が怒り出すであろう、ギリギリのポイントをあえて突くのです。

いわば、相手の心のなかにズカズカ入り込むようなものですが、そこに「愛嬌」や「配慮」や「愛情」が乗っていれば、一気に距離を近づけることができるのです。比喩的な表現をすれば、ズカズカ心の中に入っていって、「おまえ、かわいいやっちゃな」という感じで、そのまま心の中にいさせてくれるようになる、といった感じです。

たとえば、先日もこんなことがありました。

ある大物投資家Aさんとビジネス上の打ち合わせをしたのち、奥様も一緒に会食をさせていただいたときのことです。

Aさんほどの大物になると、いろんな方々がアプローチをしてくるわけですが、ほとんど信用しないとおっしゃいます。会食の場で奥様は冗談めかして、「この人には、ふたりしか友達がいない。そのうちのひとりがあなたですよ」と大袈裟におっしゃっていましたが、たしかに決して社交的なタイプの方ではありません。

お酒は召し上がらないし、食事も基本的には家でとられる。だけど、なぜか僕のことを可愛がっていただいて、長年にわたって、時々、お食事をご一緒させていただいてきました。

「褒め言葉」で人の心は動かない

もちろん、Aさんと会食するときには、敬意をもって接するわけですが、それだけでは楽しくないし、距離も縮まらない。そこで、僕は、ときどき「ギリギリ」を攻めます。このときも、こんな質問を繰り出しました。

「Aさんは、人を信用しませんからね。だけど、そんなにお金をもって、死んだらどうするんですか?」

会食の場で、「死んだらどうするの?」などという話はタブーです。しかも、奥様もいらっしゃる前で。家族でもない僕がそんなことを言うのは、普通だったらありえないことです。

奥様も一瞬、「え?」という表情を浮かべました。それを察知したのか、Aさんは奥様の方を見つめながら、冗談めかして「この人が全部使うんだよ」とおっしゃいました。その言葉に対して、「私が、そんなに使うわけないじゃない」と奥様がおっしゃったのを受けて、僕はおどけながらこう言いました。「じゃ、私にください」。

これにAさんは楽しそうに笑ってくださいました。言ってみれば漫才のボケとツッコミみたいなものかもしれません。僕が「じゃ、私にください」というちょっと危ないボケをかましたのに対して、口には出されませんが、Aさんが「バカなこと言うな」とツッコミをされる感じとでもいいましょうか。そこに「笑い」を発生することで、気持ちが通じ合うというか、グッとその場が盛り上がるわけです。

僕の言う「ギリギリを攻める」とは、こういうことです。

当たり障りのないことを言っていても、相手の心は動きません。「怒る」か「怒らないか」の〝ギリギリの境〟を攻めるからこそ、相手の感情は動くのです。

重要なのは、「相手が喜んでくれること」ばっかり話していてもダメだということ。特に、「地位の高い人」はあらゆる人からお世辞やら、おべっかやらを毎日のように浴びていますから、そういうのをむしろ嫌います。それよりも、ひとつ間違えれば「失礼」になるようなことを言うからこそ興味を向けてくれて、関係性をつくるきっかけを与えてくださるのです。

ただし、これはかなり「危険」なスキルです。

相手の感情に鈍感な人が下手にやると大怪我をしかねない。僕自身、何度か怒らせてしまったこともあります。だけど、僕は、度が過ぎて怒らせてしまったとしても、当たり障りのないことばかり言うよりも、よほどいいと思っています。

なぜなら、当たり障りのないことを言っている限り、相手の記憶にすら残してもらえないからです。記憶にすら残らないということは、相手にとって「僕という人間」が存在していないのと同じことにほかなりません。

それだったら、むしろ怒られたほうがいい。確実に相手の記憶に「爪痕《つめあと》」を残すことができるからです。しかも、怒っているからこそ、「謝罪」するチャンスを与えられる可能性があるわけです。そこで誠心誠意の謝罪をすることで、可愛がっていただけるようになることとなんていくらでもあります。だから、僕は、多少のリスクを取って、積極的に「ギリギリを攻める」ほうがいいと思っているのです。

相手を「驚かせる」ような悪戯を考える

もうひとつのスキルは、「サプライズを仕掛ける」です。

これも、相手の感情を動かす技術ですね。いつもどおりのこと、予想どおりのことをやっていても、相手は感情を動かしてはくれません。だからこそ、相手を「驚かせる」ような、ちょっとした「悪戯《いたずら》」が必要だと思うのです。

たとえば、こんなエピソードがあります。

楽天野球団が初優勝をした時、スポンサーとして応援してくださっていたアサヒビールの小路明善社長（当時、現・アサヒグループホールディングス会長）のご好意で、ビール掛けのために大量の「スーパードライ」をご用意いただいたことがあります。

その翌年、そのお礼の気持ちを伝えるために、小路社長を楽天野球団にお招きしたところ、「ぜひ、室内練習場を見学したい」とおっしゃってくださいました。わざわざお越しくださるのだから、心から楽しんいただけるようにと、僕たちは細心の注意を払って準備を進めていました。

そして、室内練習場に選手から営業マンまで大勢が集まって、「スーパードライ」をみんなで持ってお出迎えしようと話し合っていたのですが、僕は、「それだけじゃ、全然つまらない」と思いました。

「楽しませたい」という気持ちが大切だ

そこで、こんな「サプライズ」を仕掛けることにしました。

室内練習場にみんな集まって、「スーパードライ」をもってお出迎えをするのですが、ここで当時、営業部長だった森井誠之さんが「ようこそいらっしゃいました！ありがとうございます！」と口火を切って、みんながワーッと拍手をして大歓迎。そのうえで、小路社長に向かって、森井さんが深々と頭を下げてこう伝えたのです。「すみません、立花がどうしても外せない仕事が入って、出張に出てしまいました」

すると、小路社長は「えーっ」と残念そうな顔をしてくださり、「そっかぁ……。でも、しょうがないよね」「こうして室内練習場を見せていただいてるのだから、大丈夫ですよ」と言ってくださいました。

そのお言葉を受けて、森井さんが「ありがとうございます。では、早速、乾杯しましょう」と言って、お越しになったアサヒビールの方々に「スーパードライ」を注いで回りました。

ここで、「サプライズ」始動です。

まず、小路社長の分の「スーパードライ」がないということにして、社員のひとりが「あっ、すみません！　小路社長のビールがありません！」と声を上げて、それに対して森井さんが「何やってんだよ！　どうするんだよ！」と声を荒げた瞬間に、球場のビールの売り子のユニフォームを着た僕が、「スーパードライ」の樽を背中にしょって、「ビールいかがですか？」と出ていったのです。

そして、小路社長のところに行って、「失礼します」と言いながらコップを渡して、「スーパードライ」を注いだら、小路社長は大笑いしてくださいました。

そのうえで、僕が「球場で飲むなら、やっぱり生です。生ビールが一番おいしい。そのなかでも、やっぱりアサヒビールさんの生ビールが最高です。ありがとうございます！」とご挨拶をして、みんなで乾杯。みんなでワーワーと盛り上がって、めちゃくちゃ楽しい交流をすることができたのです。

この演出を、小路社長がすごく喜んでくださったようで、その翌日に、「昨日、楽天野球団にこんな歓迎をしてもらった。君たちは、こんなサプライズを仕掛けたことがありますか？」という趣旨のメールを全社に送信してくださったそうです。

しかも、後日、アサヒビールさんから、楽天野球団の全社員・全スタッフに、全員の名前入りで、「優勝おめでとう」と書かれたビール・ジョッキをプレゼントしてくださいました。逆に、一枚上手の「サプライズ」を仕掛けられ、小路社長にまたひとつ勉強させていただいたというわけです。

ともあれ、このように「サプライズを仕掛ける」ことで、相手との心理的な距離をグッと縮めることができるわけです。

こうした、相手との関係性をつくるスキルは、「ギリギリを攻める」「サプライズを仕掛ける」以外にもいろいろなものがありますが、要するに、「悪戯」を仕掛けるようなものだと思うんです。

大事なのは、どういう気持ちで「悪戯」をするか、です。小学校時代を思い出してください。誰かに嫌な思いをさせようとする「悪戯」は、みんなを暗い気持ちにさせましたよね？　一方、「みんなを楽しい気持ちにしたい」「好きな子の気を引きたい」と思ってする「悪戯」は、どこか憎めない。というか、みんなを明るい気持ちにしたはずです。その気持ちこそが、「営業スキル」の根本にあると思うのです。

トレーニング

21「体力」がすべての根源である

——リーダーが体を鍛えるべき理由

「体力」が衰えると、「気力」「知力」も衰える

「体力」がすべての根源である——。

僕はそう考えています。生きていくうえでは、「知力」も「気力」も大事ですが、それらを根本で支えているのは「体力」にほかならないと実感しているのです。

皆さんも、風邪をひいたり、すごく疲れたりしたときには、どうしても「やる気」が出ず、「頭」も動かず、気がつくとネガティブなことを考えていたりすることがあるのではないでしょうか？

そして、「体調」が戻ると、自然と「やる気」も出てくるし、物事をポジティブに

考えられるようになるはずです。だから、きっと「体力」がすべての根源であることにご賛同いただけるのではないかと思っています。


それを痛感させられたのは、慶應大学のラグビー部に入部したときです。

その練習の厳しさは聞いていましたが、実際に入部してみると僕の想像をはるかに超えていました。その過酷な練習に、僕は完全に打ちのめされてしまったのです。

小学2年生でラグビーの面白さに取り憑かれた僕は、成蹊高校ラグビー部までは、かなり自由な環境でラグビーをやらせてもらっていましたが、それとは真逆の厳しい環境に置かれたことの苦痛に加え、それまであまりランニングやトレーニングをしてこなかったために、「体力的」についていけないという「壁」にぶち当たったのです。


あの頃の僕は、すごくネガティブでした。

ずっと「いやだ、いやだ」「やめたい、やめたい」と思っていたし、口を開けば文句ばかり言っていました。「思考」がどんどんマイナス方向に傾いて、〝捨て鉢〟な気持ちになってしまっていたのです。

実際、「もう限界だ。これ以上は無理」と思い詰めたときに、ラグビー部で活躍することを楽しみにしてくれていた両親に、グチと退部する理由を手紙に書いたこともあります。結局、その手紙は書いただけで、投函《とうかん》はしなかったのですが……。

一方、慶應高校から来た同級生の多くはトレーニングを重ねてきていたので、厳しい練習にも耐えるだけの「体力」を備えていました。そんな同級生たちと比較して、自分のことを「本当に弱い人間だ」と思い知らされた時期でもありました。

「体力」があれば、どんな「苦労」も楽しめる

しかし、徐々に変化していきました。

過酷な練習に1年、2年と耐え続けたおかげで、着実に「体力」がついていったからです。

相変わらずきつい練習であることに変わりはないのですが、「体力」がついてくると、それを多少の余力をもって乗り越えることができるようになります。そして、少しずつ精神的に余裕のある生活が送れるようになり、「気分」も「思考」もポジティブな方向に切り替わっていったのです。

「体力」のパワーをまざまざと感じたのは、無事に大学を卒業して、ソロモン・ブラザーズに入社してからのことです。

大学時代に、僕はほとんどラグビーしかやっていなかったので、「経済」のことも、「金融」のことも、ほぼ知識ゼロでしたし、「金融英語」もあまり話せませんでした。周りの社員たちは、大学院で「金融工学」を専攻していたり、英語がペラペラだったりするような精鋭ばかり。かなりのビハインドのなか、社会人としてのスタートを切らなければなりませんでした。

だけど、僕にはありあまるほどの「体力」がありましたから、仕事に全力で取り組んだあとに、「金融」や「英語」の勉強をガンガンやって、1日3時間睡眠でもびくともしませんでした。

いわば、慶應ラグビー部で装着していた「強制ギプス」を外したようなもの。何をやっても疲れない。というか、会社に来るのも、仕事をするのも、勉強をするのも楽しくて仕方がありませんでした。

だって、クーラーのきいた部屋で、座っていていいなんて、慶應ラグビー部の頃の生活と比べたら、それだけで「天国」。どれだけ仕事をしても疲れないので、「仕事」で負ける気がしませんでした。「こんなんで、お給料もらっていいの？」というのが正直な感想だったのです。

「運動する時間」をすべてに優先する

それだけではありません。

僕は、運動をして身体に負荷をかけないと気持ちが悪いので、社会人になってからも、毎日のように、筋トレやランニング、水泳などの運動を欠かしませんでした。

今でも、ベンチプレスは１００kgは上がりますし、60歳まではなんとかそれを維持したいと気合い十分ですが、こうやって維持・増強してきた「体力」にずいぶんと助けられてきたと実感しています。

というのは、頑丈な「体力」に支えられているために、「気力」「知力」を大きく損ねるようなことがなかったように思うからです。

仕事をしていれば大小さまざまなトラブルが避け難く発生して、「気分」が落ち込んだり、「思考」がネガティブに傾いたりするものですが、そういうときに拙速になんらかの判断するとたいていい間違えます。

だから、そんなときに僕は、一旦そのトラブルから離れて、運動をして汗を流すようにしていました。それだけで「気分」が爽快になりますし、ほどよく疲れて、スーッと深い眠りにつくこともできます。

そして、一晩ぐっすり寝ることができたら、「気力」「体力」ともに回復して、頭もすっきりしています。こういう状態になってから、改めてトラブルと向き合うと、健全な解決策が自然と見えてくるのです。


これは、日頃、運動に汗を流すことで、「体力」を鍛えているからこそできることだと思います。

身体を鍛えている人であれば、なんらかのショックを受けても、運動をして休養をとればすぐに「体調」は回復します。そして、「体調」が整えば「気力」も充実し、その結果、「思考」の精度も高まる。だからこそ、危機的な局面においても、正しい判断を積み重ねることで、状況を好転させていくことができると思うのです。

そもそも、成功されている方の多くは、とてつもない「体力」をおもちです。24時間365日フル稼働されているイメージで、「いつ寝ているんだろう?」という方もいらっしゃいます。そういう方はとにかくエネルギッシュで、パワーが溢れています。向き合っただけで、そのエネルギーに押されるような感覚を覚えますし、口にされる言葉にも自然と「説得力」が備わっていらっしゃるように思います。

年齢を重ねるほど「体力」が重要になる

だから、読者の皆さまにもぜひ、今日から身体を鍛えてほしいと願っています。

特に、リーダーシップが求められる立場の人には、すべてに優先して「運動の時間」をスケジュールに書き込むくらいのほうがいいと思います。

リーダーのもとには、現場だけでは解決できない「困難な問題」が次から次へと持ち込まれますから、しっかりとした「体力」に裏付けられた「気力」と「知力」がなければ、あっという間に疲弊してしまうからです。

また、年齢を重ねるごとに、「体力」の重要性を痛感させられています。

若いうちは、皆さん一定の「体力」をおもちですが、年齢を重ねるうちに、「運動習慣」の有無によって、「体力」に大きな差が生まれると思うからです。

そして、「体力」さえ維持することができたら、歳を取れば取るほど、人間の「能力」は向上していくのではないかと思います。若い頃よりも豊富な「経験」や「知恵」や「人脈」を蓄えているのだから、それも当然のことではないでしょうか。

ただし、それは「体力」の支えがあるのが条件。「体力」がなければ、どんなに「経験」や「知恵」や「人脈」をもっていても、それを使いこなすことができなくなってしまうからです。

だから、ぜひ若いうちから「運動」を楽しんでほしいと思います。

もちろん、遅すぎるということはありません。歳を重ねて「体力」が落ちてきたと感じる方も、明日と言わず今日から身体を動かしてまいりましょう。きっと、楽しい生活が送れると思います。

たとえチャンスが来ても、「体力」がなければそれをものにすることはできないでしょうし、万一ピンチに陥っても、「体力」さえあればきっと乗り越えられるはずです。身体さえ鍛えておけば、あらゆる状況に対して、最高の状態で臨めるのです。

誠実

22 自分が「正しい」と思うことをやる

――目上の人に対してもはっきりと「反対意見」を言う

「上司の意見」に賛同できないとき、どうすればよいのか？

「君自身が思うようにやったほうがいいよ」

上司の意見に賛同できずに悩むビジネスパーソンから相談を受けたときに、僕はよくこの言葉を伝えるようにしています。

もちろん、上司と意見が違う場合には、組織人である限り、最終的には上司の意見に従う必要はあります。

だけど、だからと言って、上司に言われたことに最初から１００％従う必要はないと思いますし、あなたの意見が上司に否定されたからと言って、すぐにあなたの意見を撤回する必要もないと思います。

というよりも、そのようなことをするのは、部下としての役割を果たそうとしない「不誠実な態度」だと言うべきでしょう。

なぜなら、この世に、どんなときでも常に「完璧な判断」ができる人はいないと思うからです。僕ももちろん「不完全」な人間ですから、部下からの異議申し立てによって、抜け落ちていた「視点」に気づかされたことなどいくらでもあります。その結果、より適切な「判断」ができるわけですから、率直に反論してくれる部下は、上司にとって大切な「財産」だと言うべきなのです。

逆の立場になって考えれば、その瞬間は上司と緊張関係に陥るかもしれないけれど、必要なときにはあえて「反論」することこそが、部下の役割を「誠実」に果たすことだと言えると思うのです。

ところが、実際には「YESマン」が多いのが実情です。

それもよくわかるんです。僕だって未熟者だから、部下から反論された瞬間には、正直なところムカッとします。おそらく、それは顔にも出てるでしょう。そうしたら、部下は「YES」と言ってその場をやり過ごしたくなるでしょう。

しかも、上司にとって、そういう「従順な部下」が可愛く見えるのも自然な感情ですから、どうしたって「YESマン」がはびこる結果となる。これは、いわば上司-部下の共犯関係みたいなものなのでしょう。

上司の言うことを聞いても「免責」されない

ただし、その弊害は大きい。

上司の機嫌を損ねないことを優先して、反論を飲み込んでしまったり、すぐに自論を撤回してしまうことによって、上司が「間違った判断」をしてしまう確率は上がるはずだからです。

また、それ以上に深刻なのは、その部下が100%上司の言うとおりに仕事を進めてしまうことです。もしかすると、そこには「結果的に〝失敗〟したとしても、上司が責任を取ってくれるだろう」という〝甘い考え〟が混じっているかもしれません。

いや、実は、その「責任回避」こそが本音で、その本音を自分に対してカモフラージュするために、「上司の意向を尊重するのが、部下の立場だ」といった〝建前〟を無意識的に利用している可能性すらあると僕は睨《にら》んでいます。

いわゆる「自己欺瞞」ですが、こういう「心理的な偽装」はかなり巧妙なので、本人すら「自分の本心」がわからないというのが実情ではないでしょうか。

でも、周囲の人には、その人の本心は手に取るようにわかります。そして、「自分の意見を捨てて、上司の言うとおりにして、責任逃れをしようとしている人」として軽侮の対象となってしまうのです。

だからこそ、僕は「自己欺瞞」の疑いをもったときには、あえて次のようなことを伝えて、本人の自覚を促すようにしているのです。

「上司は『結果』しか見てないよ？　その上司の言うことを聞いたからと言って、君が『失敗』をしたら、彼は君の『責任』を追及するだろう。だったら、できる限り、君が思うようにやってみるべきだ。

もちろん、最後の最後は、上司の意見に従うしかないけれど、しっかり意見を戦わせたほうがいい。その時は、ちょっとしんどいかもしれないけど、結果的には、そのほうが信頼してくれるもんだよ」

自分が「正しい」と思うことをやる

楽天野球団でもこんなことがありました。

ある年のドラフト会議において、どの選手を1位指名するかで星野監督と球団のスカウトで意見が分かれたときのことです。

これには、監督と球団で「立場」が異なるという避け難い理由があったと僕は考えています。というのは、1、2年単位で球団と契約する監督の立場であれば、どうしても「即戦力」を重視する傾向が強くなりますが、球団としては、長期的な視点でチームを強化することを優先しようとするからです。

そして、このときも、星野監督は「即戦力」として期待できるA選手の指名を考えておられたのですが、スカウトのメンバーはポテンシャルの高い高校生のB選手を指名すべきだと考えていました。

もちろん、星野監督もB選手に強い魅力を感じておられましたが、さまざまな球団から指名されることが確実視されていたこともあって、そのB選手を指名するのは避けた方がいいだろうと考えていらっしゃったのです。

これはもう、どちらが正解という話でもありません。ただ、球団社長である僕としては、どちらを指名するかについて、きちんと意見を戦わせるプロセスが大事だと考えていました。

ところが、星野監督を前にすると、スカウトのメンバーは自説を言い出せないどころか、すぐに星野監督の意見に賛同してしまいました。

もちろん、球界のカリスマに反論するのを躊躇してしまう気持ちはよくわかります。それに、球界においては、監督の意見に従うのが常識でもあったのでしょう。だから、そのときは「困ったものだ……」と思いつつも、僕は特段のアクションを取らずに済ませました。

そして、ドラフト会議の当日――。

「やっぱり、このままではいけない」と思った僕は、星野監督もいらっしゃる場所で、スカウトのメンバーに「本当に今年のドラフトでナンバーワンは誰ですか？」などと発言を促しましたが、結局、誰も本音を言い出すことはできませんでした。

そこで、「誰が今年一番の選手か？」を投票で決めようということになりました。

すると、1位になったのは高校生のB選手。僕が、「では、B選手を1位指名することにしましょう」と言うと、星野監督はみるみる機嫌が悪くなっていきました。

そこで僕は、ドラフト会場の別室で星野監督とふたりで向かい合って、球団側の考えをお伝えすることにしました。

もちろん、星野監督は「抽選で外れたらどうするんだ？」と強く反対されましたが、2位以降の指名では「即戦力」の獲得を優先することでなんとか合意を取り付けることができました。

しかし、それでも腹に据えかねたのでしょう。

ドラフト会場に戻って、楽天野球団のテーブルに就くと、星野監督は表面上は笑顔で談笑する様子を見せながら、しばらくの間、「ふざけんなよ。聞いてねえよ」とブツブツと怒っておられました。めちゃくちゃ怖かったですね……。

ところが、幸運の女神が味方してくれました。

1位抽選のくじ引きを僕がやることになって、「外れたら、どうしよう……」と思いながら祈る思いでくじを引いたら、なんと「交渉権獲得」の文字。思わずガッツポーズ。もちろん星野監督も大喜び。「これからどうなることか」と思っていたのに、たった一瞬で、星野監督と満面の笑みでガッチリ握手することができたのです。本当によかったです。

「意見」を戦わせるからこそ、「信頼」される

そんなわけで、あのときのドラフトもドキドキものだったわけですが、星野監督とは、その後も、何度か意見が対立することがありました。だけど、それで関係性が悪化するようなことはありませんでした。

むしろ、僕なりに球団のこと、チームのこと、選手のこと、ファンのことを一生懸命に考えて、一本スジの通った主張をしていることを理解してくださったのか、僕の

意見を尊重してくださるようになり、驚くほど優しい笑顔も見せてくださるようになったのです。

しかも、僕がこういうスタンスを示し続けるのを見ていたせいか、スカウト部のメンバーも徐々に、星野監督と正面を切って意見を戦わせるようになっていきました。

僕は、その様子を見ていてとても嬉しく思いました。時には、星野監督の口調が厳しくなるようなこともありましたが、そうやって議論を戦わせるのを楽しんでいらっしゃるのは、その表情からありありと読み取ることができました。そして、球団としての意思決定の精度も着実に上がっていったと思うのです。

だから僕は、若い人に「君自身が思うようにやったほうがいい」と言いたいのです。

もちろん、単に「反対意見」をぶつけたというだけで、こちらのことを毛嫌いするような人物もいるでしょう。

だけど、そんなことはあまり気にしなくていいと思います。表面的に礼節を示しておけば十分で、嫌われたからといって気にする必要なんてないと思うのです。

それよりも、僕は、自分の「持ち場」において、社会のため、お客さまのため、地域のため、会社のため、同僚のために真摯に考えて、自分が「正しい」と思うことをしっかりと主張したほうがいいと思います。

「本物」は、たとえ対立することがあったとしても、そんな人間のことを「誠実」と評価し、「信頼」を寄せてくれるはずだからです。

愛情

23 組織の「空気」が大切だ

——「愛情」のあるリーダーが最強である理由

「成長する組織」と「衰退する組織」

世の中にはさまざまな組織があります。

そして、成長していく組織もあれば、衰退していく組織もあります。

その違いはどこにあるのか？　これにはさまざまな議論がありますが、生意気を承知で申し上げると、僕は、その組織の「空気」を感じ取ればわかると思っています。

読者の皆さんも経験があると思いますが、会社に入った瞬間、お店に入った瞬間、会議室に入った瞬間に、その組織やチーム全体が放つ「空気」を感じることってありますよね？　どんよりしていたり、溌剌《はつらつ》としていたり、ギスギスしていたり、ゆるんでいたり、明るかったり、暗かったり……その場所に入った瞬間に、なんらかの「空気」を感じ取れるはずです。

そして、僕はこれまで、無数の組織を訪ね歩いてきましたが、溌剌と明るくて楽しい感じだけれど、そこにピンとした緊張感が通っているような、そんな「空気」が感じられる組織は、大成功かするかどうかはわかりませんが、地道に成長を続けるケースが多いと実感しています。

僕が思うに、これは当然の成り行きではないでしょうか。

だって、「よい空気」が流れている組織で働くのは楽しいし、やる気も出るはずだから、よい商品やサービスが生み出される可能性が高いですよね。

それに、お客さまの立場になれば、「よい空気」に満ちている組織から商品やサービスを買いたいと思うに決まっています。このようにシンプルに考えれば、「よい空気」を放つ組織が発展していくのは自然な流れだと言えるでしょう。

この間も、それを実感しました。

僕が社長を務めている「塩釜港」の東京銀座店を開店するに当たって、使用する食器を選ぶために数多くの食器店を訪ねて回ったときのことです。

いろんなお店を回ってみると、「安くしますよ」と売り込んでくるお店もあれば、やたらと高い食器を売り込もうとするお店もあるという具合で、本当にさまざまなお店がありました。そんななか、お店に足を踏み入れた瞬間に、それまでのお店では感じたことのないような「とてもよい空気」を感じるお店と出会ったのです。

愛情が「別次元の価値」を生む

その「空気」を感じ取った僕は、密かに期待をしながら店内を見てまわりました。するとと、お店の方は、一つひとつの食器について、作家の人柄、作風、こだわりなどを楽しそうに説明してくれました。

おそらく、その店員さんご自身が陶芸を心から愛していらっしゃるのでしょう、丁寧に教えてくださるその一言一言に実感がこもっているというか、説得力があるというか、すごく引き込まれるものがありました。

そして、そんなお話を聞いているうちに、一つひとつの食器が一段と魅力的で価値の高いものに見えるようになっていきました。魅力的なストーリーが、物体としての食器に別次元の価値を加えていくのを実感することができたのです。

僕は、このお店の食器でお寿司を出すのを想像してみました。

食器をつくった作家さんのストーリーもお伝えすれば、きっとお客さまは興味をもってくださるはず。そして、寿司の旨さだけではなく、そんなストーリーまでも楽しんでくださって、それが他の寿司屋さんとの「差別化」につながるに違いないと思いました。

しかも、その食器店の棚やガラスは綺麗に磨き上げられているし、床にはゴミひとつ落ちていません。店内のすべてのものを大切にしていることが、そんなところからもヒシヒシと伝わってきました。

そこで僕は、そのお店で食器を揃えることに決定。ここでも、「よい空気」のお店のパワーを体感することとなったのです。

では、「よい空気」の源は何か？

ちょっと気恥ずかしいですが、僕は「愛情」だと思っています。

先ほどの食器店もそうでした。

店員さんは明らかに陶芸を愛しておられたし、あれだけ店内を綺麗にされているということは、お店のことも大切に思っておられるはずです。

いや、おそらく、あの店員さんは「ここは、自分のお店」という意識でいるのではないでしょうか。「やらされ感」など皆無で、「ここをいいお店にしたい」という一心で頑張っていらっしゃるのがヒシヒシと伝わってくるのです。

だからこそ、あのお店はポジティブな「空気」に満ちていたのではないかと思います。そして、愛するものを大切に扱うために神経を張り詰めているからこそ、単に明るいというだけではなく、心地よい緊張感も感じられたのではないでしょうか。

どうすれば「よい空気」が生まれるのか?

こういう店員さんに出会うと、僕はいつも、「この店のオーナーはすごい人なんだろうな」と思います。だって、店員さんに「ここは、自分のお店」と思わせるのって簡単なことではないですからね。

口でいくら「お客さまを大切にしてください」「お店を大切にしてください」などと言っても、あそこまでの思いをもってくれることはないですし、いくらお金というインセンティブを与えたとしても、それだけで「ここは、自分のお店」という気持ちになることもないでしょう。

お金を支払わなければ誰も働いてはくれませんが、お金を払ったからといって「ここは、自分のお店」とまで思ってくれるわけではありません。そういう気持ちは、お金で買えるものではないというか、お金とは別次元の話だと思うのです。

では、リーダーはどうすれば、社員やスタッフに「ここは、自分のお店（会社）」と思ってもらえるのか？

僕は、リーダーが、社員やお客さま、商品やサービスを愛することだと考えています。そんなリーダーの姿に共感するからこそ、社員たちのなかにも「ここは自分の会社」という意識が芽生え、「この会社をもっとよくしたい」「お客さまにもっと喜んでほしい」「もっといい商品を開発したい」と自発的に動き始めると思うからです。

そして、自発的に働くからこそ仕事は楽しくなるのであり、楽しく働く社員さんが増えていくことで、組織全体が「よい空気」を発散するようになるのだと思うのです。

楽天野球団での自分はどうだっただろうか？

そう思って振り返ってみると、正直なところ自信はありません。僕なりに、社員たちに「愛情」を注いだつもりではいるのですが、彼らからどう見えていたのかは僕にはわかりかねるからです。

ただ、僕は常に、職場の「空気」に注意を払っていましたが、2013年の初優勝を大きなきっかけとして、毎年、観客動員数が伸びていき、少しずつファンが増えていき、満員御礼の試合も増えていくようになると、相変わらずの〝ドタバタ劇〟を繰り返しながらも、社内には「よい空気」が充満していったように思います。

部下たちが楽しそうに会議をしているのが聞こえたり、社内のあちこちで明るい笑い声がしたり……。そんな彼らの姿を見ていると、こちらまで幸せな気持ちになっていきました。

あの頃、社員たちが楽天野球団のことを「これは、自分の会社」と思ってくれていたかどうかはわかりません。

だけど、初優勝をしたときに喜びを爆発させた姿や、満員になって盛り上がっている観客席を感無量の表情で見つめている姿や、ファンが満足そうに球場を去っていくのを嬉しそうに見つめていた姿を思い出すと、彼らは純粋に「ファンに喜んでほしい」「楽しい球場にしたい」という気持ちで頑張っていてくれていたんだとしみじみと思います。

ただ、コロナがやってきて、本当にすべてを失ってしまいました。

でも、これが球団にとっての新たなスタートなんだと思います。2012年に僕が社長に就任したときに、前任社長の島田さんにかけられた「立花さんが、思うようにどんどん好きなことをやってください」という言葉を、2023年に球団社長に就任した森井誠之さんにも贈りたいと思います。そして、ぜひとも「新しい楽天野球団」を作り上げてください。

コロナの影響で遠のいてしまったファンの皆さまにもう一度球場に来ていただくために、どうすればいいのか？　そのためには、どうやって「感動」をお届けすればいいのか？　球場における安全、安心を担保しながら、森井社長のもと全社一丸となって、一歩ずつ進んでいってほしいと願っています。

そのためには、リーダーである森井さんが全ての人々に「愛情」を注ぐことによって、「よい空気」をつくる必要があると思います。もちろん、これは僕の課題でもあります。まだまだ未熟ではありますが、「愛情」にあふれたリーダーになれるようにこれからも精進していきたいと思っています。

武器

24 自分の「弱点」を受け入れる

——「強いチーム」を作り出すためにいちばん大切なこと

リーダーのあり方は「百人百様」である

リーダーはどうあるべきか？

その「答え」は、100人いたら100通りあってよいと思います。

なぜなら、リーダーシップというものは、その人の性格、気質、特性などに基づいて発揮されるものだからです。

近年、「ロールモデル」という言葉をよく耳にしますが、誰かを模範にしたり、誰かを真似したりして、「リーダー像」を演じてみせたところで、なかなかうまくいかないような気がしています。いくら上手に「演じた」つもりでも、周りの人はその演技をすぐに見抜いてしまうからです。

だから、肩の力を抜いていくのがいいと思います。

よく「ポジションが人をつくる」と言いますが、一日で変わるのではなく、リーダー役をこなしているうちに、少しずつリーダーとして出来上がっていくのです。

そのためには、リーダーだからと言って、あまり気負いすぎないほうがいいと思います。それよりも、自分の「欠点」や「弱点」を認めて、どんどんメンバーに「助けて」もらったほうがいいのではないでしょうか。そうすることで、メンバー一人ひとりの力を思う存分に発揮してもらうことができれば、リーダーが偉そうにしているよりも、よほど強いチームが生まれると思うのです。

ただ、皆さまもすでにお気づきのことと思いますが、メリルリンチ時代の僕はこんなことは一切考えていませんでした。

あの時、僕は、現場のメンバー一人ひとりの人柄や個性やバックグラウンドなどを教えてもらうこともせず、「ゴールドマン・サックスではこうやってきた。だから、こうしたらいい」などと、あたかも僕が「絶対的な答え」を知っているかのような振る舞いをしてしまいました。

そして、部門の目標を達成するために、誰に相談することもなく、〝個人プレイ〟に走って「数字」を叩き出したりもしました。要するに、あの時の僕は、「俺が一番優秀なんだ。俺についてこい」という意識を剥《む》き出しにしていたということです。自分の「弱点」や「欠点」に目を向けるどころか、自分の「優位性」を誇示しようとしていたわけで、みんなで同じ目標を共有して、チームとして進んでいこうという意識にはなれていなかったのです。

「お前は人使いが荒いな」と可愛がっていただく

その結果は、すでにお伝えしてきたとおりです。

だけど、この「失敗」をしたおかげで、僕は大事なことに気づきました。というのは、若い頃の僕はむしろ、自分のことを「バカだな！」くらいに思っていて、誰かに「助け」を求めることで窮地《きゅうち》を脱したり、成果を上げることばかり考えていたことを思い出したのです。自分一人でなんでも問題解決できるすごい方もいますが、自分にはそんなマネはできないと思っていたのです。

たとえば、大学を卒業して就職した直後もそうでした。

僕は、新卒でソロモン・ブラザーズに入社して営業マンになったのですが、小中高大とラグビーしかやってこなかったので、金融界の猛者揃《もさぞろ》いである先輩たちと比べて「金融」も「経済」も「英語」もからっきしダメでしたから、「俺みたいなのでも、やっていけるのかな……」と不安を覚えていたものです。

最初のうちは、営業のやり方も皆目わかりませんから、先輩の見よう見まねをするほかありません。それで、あることに気づきました。先輩たちは、お客さまに市場の状況などを正確に伝えるために、社内のアナリストが書いた分厚いレポートを一生懸命読んで勉強していたのです。

ここで、「よし、じゃ、俺も勉強しよう」となるのが普通なんでしょうが、僕は違いました。というのは、僕はそもそも、じっと机に向かってレポートを読んだりするのが得意ではありませんでしたし、「勉強量」や「読解力」において先輩方に勝てる気もしなかったからです。

それに、勉強熱心で、何を聞いてもすぐに「正解」が返ってくる先輩が、必ずしも営業成績がいいというわけでもありませんでした。だから、「本当にレポートを勉強することに意味があるのかな？」という素朴な疑問もあったのです。

そこで、僕は考えました。

社内のアナリストと仲良くなって、「今度、お客さまのところに一緒に行って、市場動向についてレクチャーしていただけませんか？」などと、頭を下げてお願いすればいいと思ったのです。

こういうお願いをされて、嬉しくないアナリストはあまりいません。というか、「まったく、お前は人使いが荒いな」とからかわれながら、可愛がっていただきました。しかも、お客さまは、メディアでも発言しているアナリストを連れてくる僕を、営業マンとして一目置いてくれるようになります。僕がヘタな講釈を垂れるより、よっぽど喜んでいただけるわけです。

それに、「門前の小僧」ではありませんが、アナリストの講義をそばで聞けるわけですから、市場動向などについてもどんどん詳しくなります。机にかじりついて、苦手な勉強をしているよりも、よっぽど頭に入ってくるのです。

しかも、他の営業マンがレポートを読み込んでいる間にも、どんどんお客さまとのアポイントを入れることができますから、営業成績もどんどん上がっていきます。気が付けば、多くのお客さまから信頼いただけるようになっていたのです。

「欠点」も含めて、とにかく自分を肯定する

これはほんの一例です。

じっくりと過去の自分を振り返ったら、こんな感じで、自分の「欠点」や「弱点」を補ってもらうために、周りの人を巻き込んでいった思い出がたくさんあることに気づいたのです。

しかも、それは大抵いい思い出であり、楽しい思い出なんです。周りの人に助けてもらって「よい結果」が出たからというだけではなく、そのときに力を貸してくれた人たちと仲良くなって、みんなで楽しい時間を過ごすことができたからです。本当に感謝しかありません。

そして僕は、つくづく「俺は、本当にバカだなぁ……」とため息をつきました。

メリルリンチでもあの頃と同じようにやっていれば、もっとみんなと楽しく働けた

はずだと思ったからです。

「俺が一番優秀なんだ。俺についてこい」などと思い上がっているのではなく、「チームの目標を達成するために、俺が苦手なことをみんなにカバーしてもらおう」という謙虚さがあれば、きっと力を貸してくれる人は現れたはずだと思うのです。

そして、僕を助けてくれたり、力を貸してくれるメンバーに、「感謝」と「敬意」の気持ちをもって接していれば、自然と「信頼関係」も生まれたはず。そうなれば、僕がたったひとりの〝個人プレイ〟で叩き出した「数字」を、はるかに上回る「成果」をチームとして達成することだってできたはずなのです。

「バカ」であることは美徳である

だから、楽天野球団の社長になって以降、僕は自分に何度もこんなことを言い聞かせてきました。

リーダーだからと言って、自分の「優位性」を誇示する必要なんてない。それよりも、自分が掲げた「組織目標」を達成するために、みんなの力を貸してもらうという謙虚な気持ちが大事。そもそも俺は「バカ」なんだから、みんなに助けてもらわなかったら、大したことなんてできっこないんだ、と。

自分で自分のことを「バカ」と言うのもどうかとは思うのですが、実は、僕はこの言葉を必ずしも悪い意味では使っていません。

なぜなら、「バカ」だからこそできることっていくらでもあるからです。たとえば、僕はこうだと思い込んだら、猪突猛進で突き進むところがあります。当然、それで失敗することもありますが、A・Jの獲得交渉のように、「バカ」になって突き進まなければ絶対に手に入らないものがあるのも事実。その意味で「バカ」であることは美徳ですらあるとも思うのです。

ただし、「バカ」になって突き進むことには、いろんな「弱点」もあります。

たとえば、誰かとの軋轢《あつれき》が生じるかもしれないし、誰かに迷惑をかけてしまうことだってあるかもしれない。物事をゴリゴリと進めようとすれば、多少なりともそういう事態は起こりうるわけです。

そこで大事になるのが、自分にはそういう「弱点」があることを認めたうえで、周りの人にその「弱点」を補ってもらったり、助けてもらったりすること。そして、彼らに対する「敬意」と「感謝」を忘れないこと。楽天野球団に入って以降、そう自分に言い聞かせるようになったのです。

「剛」のリーダーを、「柔」の部下が補ってくれる

そんな僕を、いろんな社員たちが助けてくれました。

たとえば、当時、スカウト部長だった安部井寛さん。彼にはさまざまな能力がありますが、ここで特筆したいのは、その人柄です。

彼はどんなときでもニコニコしていて、誰でも思わず心を開いてしまうような魅力があるうえに、苦しい状況や厳しい状況に立たされてもへこたれない芯の強さも兼ね備えている。そんな彼に、僕はたいへん助けられました。

A・Jの獲得交渉のときだってそうです。

僕は、ど直球で「楽天に来てほしい」と強気で押しまくって、それにA・Jも身を乗り出すように反応してくれていましたが、それだけでA・Jがサインしてくれたわ

けではないと思っています。

特に、条件面ではA・Jが難色を示す場面もありましたから、強気な姿勢を崩さない僕だけではどうなったかわかりません。僕のそばに優しい表情の安部井さんがいてくれたからこそ、A・Jの気持ちを解きほぐしてくれたのだと僕は思うのです。

その人間性は、社内でも僕をおおいに助けてくれました。

すでに述べたように、スーツ組とユニフォーム組の間の「壁」を壊そうと、僕は時に剛腕も振るいましたから、どうしたって職場に緊張が走るようなことを避けることができませんでした。

そこで僕が頼ったのが、安部井さんでした。スカウト部長だった彼は、ユニフォーム組が入っている2階に座席がありましたが、僕は、彼をユニフォーム組に在籍させたまま、僕をはじめとするスーツ組が入っている3階に座席を移動させたのです。

彼の人柄であれば、3階のメンバーともすぐに仲良くなってくれるだろう。そして、2階と3階の橋渡し役を担ってくれるようになるはず。僕がガンガンと組織改革を進めるうえで、貴重な「緩衝材」として機能してくれるだろうと考えたのです。

これが見事にうまくいきました。3階のリーダーだった森井誠之営業部長にサポートを頼んでいたことも功を奏して、安部井さんは改革の「緩衝材」として機能してくれたのです。しかも、彼のまわりにはスーツ組、ユニフォーム組を問わずいろんな社員が集まってワイワイするなど、そこで自然と「壁」が溶けていきました。いわば、「剛」の僕を、「柔」の彼が助けてくれたわけです。

「弱点」こそが、リーダーの「武器」になる

このような感じで、僕は自分が「バカ」であるという前提に立って、いろんな社員に助けてもらうことで、チームとして強くなることを意識してきました。そして、こうしたスタンスでリーダーを務めるのが、僕にはとても合っていると思いました。

そもそも、リーダーとしての「優位性」を部下に誇示しようとしたり、部下より「優秀」であることを証明しようとしたりしても、部下から距離を置かれるだけです。それよりも、自分の「弱点」を認めたうえで、部下に「助けてもらおう」「力を貸してもらおう」としたほうがよほどいい。

それに、「弱点」を補ってもらうということは、部下と張り合うのをやめるということでもあります。むしろ、自分の「弱点」を補ってもらうためには、メンバーのも

つ「能力」を思う存分発揮してもらえるようにサポートしたほうが得策。その結果、みんなも伸び伸びと気持ちよく仕事に取り組んでくれるようになったと思います。

しかも、実際に助けてもらえたときには、僕のなかに彼らに対する「敬意」や「感謝」の気持ちが芽生えますから、心から「お前、ほんとにすごいな！」「ありがとう！」と言えます。そして、親密なコミュニケーションを積み重ねることで、徐々にチームワークが機能するようになっていったのです。


だから、僕はこう考えています。

「弱点」があるからこそ、リーダーは「強く」なれるのだ、と。

もちろん、これは僕のケースであって、誰にでもあてはまることではないかもしれません。だけど、リーダーとしての「優位性」を誇示するために、メンバーと競い合ったりしても、チームはバラバラになって弱体化するだけだと思います。

そんなことをするよりも、自分の「弱点」を「武器」にすることを考える方が、自分なりのリーダーシップを確立する近道だと思います。だからこそ、「リーダーは偉くない」と肝に銘じることが大切だと思うのです。

志

25 リーダーシップの「核心」にあるもの

――苦しいときに支えてくれる「最も確かなもの」とは?

僕にとって「忘れられないリーダー」

この本を書きながら、何度も思い出した方がいます。

星野仙一さんと宿澤広朗さんのおふたりです。

本書でも書かせていただいたように、おふたりには本当にお世話になり、可愛がっていただき、実に多くのことを学ばせていただきましたが、残念なことに、星野さんは2018年に、そして、宿澤さんは2006年にお亡くなりになりました。

目をつぶれば、今でもはっきりとおふたりの姿が浮かびます。
そして、天国からおふたりが「集まれ!」と声をかけたら、今でもおふたりを慕う方々が一斉に集まってくるイメージがまざまざと目に浮かびます。僕にとって、おふたりはそんな魅力的なリーダーなのです。

しかも、実はおふたりは面識があって、お互いに敬意を抱く間柄だったそうです。星野監督と初めてお会いしたときに、「社長（注：星野監督は僕のことを「社長」と呼んでおられました）はラグビーをやっていたから、宿澤さんを知っているでしょ？」と尋ねられたので、「はい、とても尊敬しています」と応えたら、「ゴルフをしたことあってね」とニッコリ微笑まれました。

まるで宿澤さんが、星野監督と僕を繋いでくださったような気がして、ありがたいご縁に導かれていることに、人生の不思議を感じるとともに、心の底から感謝の気持ちが湧き上がってきたのを覚えています。

おふたりには、本当にお世話になりました。

そして、卓越したリーダーとして、僕なりに大きな影響を受けてきました。

ただし、当然のことですが、おふたりのリーダーシップは全くと言っていいほど異なるものでした。その詳細を書き始めたら、まるまる一冊をかけても書ききれないので、ここではほんのさわりだけ書いてみたいと思います。

自己プロデュースに長けた「脚本家・星野監督」

僕が思うに、星野さんは自己プロデュース能力がきわめて高い方でした。

この本で僕は、星野さんは世の中を感動させるストーリーを描き出す、優れた「脚本家」だったと書きましたが、その才能を活かして、「自分がこう動けば、世の中はこう反応する」「自分がこう動けば、球界はこう動く」という「脚本」を自作自演することができる方だったように思うのです。

だから、「闘将」というイメージも、自己プロデュースの一環だったのではないかと僕は思っています。「闘将」を演じることで、チームに喝を入れたり、相手チームを牽制したり、なんらかの効果を狙っていらっしゃったのではないかと思うのです。

というのは、短いお付き合いではありましたが、僕にとっての星野さんは「気遣いの人」だったからです。

もちろん、僕に対して怒りをぶつけられたこともありましたが、その多くは、なんらかの狙いをもった「演技」であり、周囲の人々に対して細やかな「気遣い」をされる姿こそが、星野さんの本質だったように思うのです。


今でも忘れられないことがあります。

星野監督はガンの診断を受けられたときに、すぐに僕に連絡をくださいました。

そして、「このことは、オーナーと社長以外には言わない」とおっしゃったのですが、その言葉通り、亡くなるまでの間、どんなに辛くても、人前ではいつも通りに振る舞っておられました。

強がっておられたのだと思いますが、その姿からは、「これでもか！」と言わんばかりに男の生き様が伝わってきました。

最期まで「星野仙一」を貫かれたのです。


あれは、星野さんが体調を崩されたあとのことです。

数人の友人たちが、僕の誕生日を祝うパーティを開いてくれたのですが、なんとそのときに、星野さんがサプライズで駆けつけてくださったのです。ガンであることを知らされていた僕は、信じられなくて呆然としてしまいました。

しかも、僕のためにカバンを買ってきてくださったうえに、星野さんが知らない方もたくさんいたにもかかわらず、最後まで場を盛り上げてくださいました。僕は、その優しさがただただありがたくて、涙をこらえるのに必死でした。

このような経験をした僕にとって、星野さんの本質はあくまで「気遣いの人」であって、「闘将」というキャラクターは、「脚本家・星野仙一」がつくり出したものだと思っています。そして、その自己プロデュース能力は、星野さんのリーダーシップを特徴づける重要な要素だったと思うのです。

宿澤広朗さんが、リーダーとして担ぎ上げられる理由

一方、宿澤さんには「自己プロデュース」をするという発想が、そもそもなかったのではないかと思います。

むしろ、自分の「信念」を淡々と追求する方でした。そして、とにかく曲がったことや汚いことをしない方で、僕は、宿澤さんのそういうところが大好きでしたし、その愚直さが多くの人々を惹きつける魅力だったと思います。

ただ一方で、そこには不器用さも同居していたのも事実で、それが仇《あだ》になった部分もあったのではないかという気もします。

かつて、宿澤さんは日本ラグビー協会を改革すべく立ち上がったのですが、最終的にその試みが挫折に終わったことがあります。その顚末《てんまつ》は『宿澤広朗　勝つことのみが善である　全戦全勝の哲学』（永田洋光著、文春文庫）や『宿澤広朗　運を支配した男』（加藤仁著、講談社＋α文庫）などの評伝に詳しく書かれていますが、僕の目には、宿澤さんのまっすぐに批判する愚直さが仇になったようにも見えるのです。

だけど、そんな人物だったからこそ、宿澤さんを慕う人々によってリーダーとして担ぎ上げられることにもなります。そして、宿澤さんの強力な求心力を軸に、メンバーが一致団結をして「大きな成果」を生み出すことができる。そんなリーダーでいらっしゃったと思うのです。

このように、星野さんと宿澤さんのリーダー像は、大きくかけ離れていたように僕は思っています。

それも当たり前のことで、リーダーシップというものは、その人の「人柄」や「気質」や「能力」などに根差しながら生み出されるものですから、そこに立ち現れるリーダー像には一つとして同じものはないと言うべきなのです。

強いリーダーの「共通点」とは?

ただし、おふたりに共通することもあります。

それは、おふたりともに、「私的な利益」を超えた、高い次元の「志」をお持ちだったことです。


星野さんは、楽天野球団に関わってくださっていた頃は、当然のことながら楽天の勝利のためにあらゆる努力をしてくださいましたが、それと同時に、「野球」というスポーツの振興のために力を尽くしていらっしゃいました。

晩年の星野さんが特に心配されていたのは、野球をする子どもたちが減少していることだったと思います。

「野球」を愛するがゆえに、それが悲しくてならなかったのではないでしょうか。球団や球界という枠すら超えて、「野球」を愛するさまざまな方々と力を合わせて、なんとか子どもたちに野球を楽しんでもらおうと、一生懸命に努力していらっしゃる姿が僕の心に強く残っています。

一方、三井住友銀行で圧倒的とでも言うべき業績を上げていらっしゃった宿澤さんのもとには、あちこちの有名企業から高額報酬でのオファーが舞い込んでいましたが、全く見向きもされませんでした。

なぜか？　宿澤さんの言葉の端々から推察するに、新卒のときからお世話になってきた住友銀行に対する「忠義」のようなものがおありだったように思います。

当時、外資系金融に身を置いて、「金儲けをして何が悪い？」といわんばかりの姿勢でガンガン働いていた僕にとって、宿澤さんのような考え方が新鮮でしたし、素直に「かっこいい生き方だな」と思いました。

それだけではありません。

おそらく宿澤さんは、自分の報酬を増やすことより、巨大バンクである三井住友銀行の頭取になることによって、バブル崩壊以降苦しみ続けている日本経済を復活させたいといった強い思いがおありだったように思うのです。

忘れられないことがあります。

僕が30歳を過ぎたくらいの頃、僕は月に1回は宿澤さんにお時間をとっていただいて、いろいろな相談に乗っていただいていました。

当時、宿澤さんは、それまで誰も解決することができなかった、日本を代表する大企業の子会社の不良債権問題を任されておられました。

まさに火中の栗を拾うという役回りで、さまざまな軋轢と激務の真っ只中で憔悴《しょうすい》の度を深めていらっしゃいましたが、宿澤さんからは「バンカー冥利《みょうり》に尽きる」とでも言うべき充実感もヒシヒシと伝わってきました。

これは僕の想像にすぎませんが、この問題を乗り越えたらいよいよ「頭取」だという思いももちろんおありだったとは思いますが、それ以上に、日本を代表する大企業の抱える難題をクリアにすることで、日本経済を苦しめていた不良債権問題をなんとしても片付けるというメッセージを発せられたかったのではないかと思います。

実際、その後、宿澤さんは、日本企業の「企業価値」を高めるために、銀行が有するさまざまな機能を統合的に運用する、コーポレートアドバイザリー本部という新規事業を立ち上げ、その本部長として陣頭指揮を取られました。

このような機能をもつ部門の創設は銀行業界でも初めてのことで、当時、業界では大きな話題になったものですが、あのときの宿澤さんの視線は、不良債権問題を乗り越えた後にめざすべき、日本経済の復活を捉えていたのではないかと思います。その「志」のあまりの大きさに、僕は感銘を受けずにはいられませんでした。

リーダーシップの「核心」にあるもの

このように、星野監督も宿澤さんも、誰もが共感するような「公的利益」を実現したいという、大きな「志」を胸に秘めていらっしゃいました。

そして、僕は、その「志」こそが、おふたりのリーダーシップの核心にあったのではないかという気がしてなりません。

おふたりは余人をもって代えがたい「魅力」と「能力」を兼ね備えていらっしゃいましたが、それらを「私的利益」のためというよりも、誰もが共感するような「公的利益」のために使っていらっしゃったからこそ、あれだけ多くの人々が、おふたりの力になろうとしたのではないかと思うからです。

もちろん、これはおふたりに限った話ではありません。

僕がこれまでにお目にかかってきた「本物のリーダー」はどなたも、高い「志」をお持ちだと思います。

それもそのはずで、どんなに「魅力」や「能力」をもつ人物であっても、それらを自分のためだけに使っているならば、誰もその人の力になりたいとは思わないに違いありません。

そうではなく、高い次元の「価値」を生み出すために、一生懸命に頑張っている人だからこそ、その生き方に共感をして、周りの人たちも一緒になって働きたいと思うようになるのです。

つまり、リーダーシップの核心には、本物の「志」があるのだと僕は思います。

星野さんと宿澤さんは、そのことを身をもって僕に教えてくださったのです。

「東北」の皆さまに恩返しがしたい

「じゃ、お前はどうなんだ？」

そう聞かれたら、昔の僕にはそういう「志」はなかったと白状するほかありません。外資系金融でガンガン働いていた頃の僕は、「お金を稼いでなんぼでしょ？」「お金を稼いで何が悪い？」という本音を隠しもしませんでした。そして、社会に「価値」を提供することよりも、「お金を稼ぐこと」を最優先にしていたあの頃の僕に、「志」があったとは言えません。

だけど、その後、僕もいろいろな経験をさせていただき、少しは成長できたように思います。

そして、はなはだ僭越ではありますが、ようやく僕なりの「志」が固まってきたように思っています。「東北」をはじめとする地方が元気になるお手伝いがしたいと、心の底から思えるようになったのです。

そのきっかけは、もちろん楽天野球団への入社です。

それまでは東京のことしか知らなかった僕でしたが、楽天野球団の社長となることで、「東北」の各地の歴史や文化の素晴らしさを実感しました。

ところが、過疎化・高齢化の波が押し寄せていることもあって、多くの地域の住民の方々が将来への不安を感じておられる現実に直面させられたことで、徐々に「自分も何か貢献できないのか？」と考えるようになりました。

そこには、僕なりの「恩返し」の気持ちもありました。

〝よその者〟の僕を、温かく受け入れてくださり、楽天野球団を熱心に応援してくださった「東北」の皆さまにお返しがしたいと思ったのです。

そんなときに、声をかけてくださったのが廻鮮寿司「塩釜港」の創業者である鎌田秀也さんとその奥様の浩子さんでした。

楽天野球団に入社してから、塩釜市を訪問した際に、「めちゃくちゃ美味しい寿司屋さんがある」と連れてこられて以来、鎌田さんご夫婦のお人柄と寿司のあまりの旨さに感動して、何度も何度も通い詰めたお店でした。

そんな鎌田さんから、「立花さんに社長になってもらえないですか？　できれば、塩釜港を成長させてほしい」と打診をいただいたのです。

「塩釜」という地名をブランドにしたい

そして、鎌田さんと何度も話し合ったうえで、引き受けることにしました。

僕が大好きな寿司屋さんだったこともありますが、それに加えて、一般にはほとんど知られていませんが、塩釜漁港がマグロ漁獲量で日本一だったことも大きかった。その事実を広く知らせることができれば、新鮮な寿司を食べることを目的に、世界中から観光客が塩釜市に訪れるのではないか。そうすれば、廻鮮寿司「塩釜港」だけにとどまらず、塩釜という地域全体にも貢献できるはずだと思ったのです。

僕は、一橋ビジネススクール教授である楠木建さんの名著『ストーリーとしての競争戦略』（東洋経済新報社）を愛読していますが、「塩釜のマグロ」を軸に強力なストーリーが描けると考えたわけです。

そして、僕は、鎌田さんに会長として残っていただくことを条件に、社長に就任。

2022年10月にイーグルスの球場の近くに仙台店を出店し、2024年2月には高級店として東京銀座に出店。次は世界に打って出るために準備を進めているところです。

また、楽天野球団の元投手、森雄大さんが「塩釜港」に入社したこともお伝えしたいと思います。

彼は、2012年のドラフト会議の抽選で、僕がドラフト1位で引き当てた選手でしたが、身体の不調に苦しんだこともあり、残念ながら2022年に引退。僕のもとでビジネスを学びたいと申し出てくれたのがきっかけです。「塩釜港」入社後は、鎌田会長に漁港での仕入れを教わったうえで、現在は銀座店の運営を勉強しています。

この取り組みにも、僕なりの「志」があります。

というのは、現在、プロ野球に限らず、現役を引退したアスリートの多くが、その後のセカンドキャリアに悩んでいるという現状があるからです。そこで、「塩釜港」でも熱意のあるアスリートのセカンドキャリアをサポートすることで、この問題の解決に少しでも貢献していきたいと考えているのです。

日本の「美意識」を守りたい

さらに、日本のさまざまな地方で活動されている中小企業に投資し、その成長をサポートする日本企業成長支援ファンド「ＰＲＯＳＰＥＲ」を、株式会社Plan・Do・Seeの野田豊加代表取締役に加え、金融のプロである佐藤公春さん、江副翠さんらを取締役に迎えて創設しました。

地方にある素晴らしい会社のさらなる成長を支援することで、その地域に残されてきた歴史や伝統を守るとともに、次世代に継承することを目的としたファンドですが、単に資金を提供するだけではなく、地域の住民の皆さまや、ファンドに出資してくださった「思い」のある皆さまを巻き込みながら、みんなで力を合わせて、その中小企業とその地域全体の活性化を進めたいと考えています。

このファンドにはいろいろな「思い」が詰まっていますが、ここでは僕の危機感について一言だけ伝えさせてください。

楽天野球団の社長として、「東北」各地を訪ねたときに、その地域に残された歴史ある建造物をたくさん見てきましたが、後継者がいなかったり、財政的な問題があったりで、取り壊されるケースが増えていることを知りました。


僕は、それがとても悲しかった。

なぜなら、僕たち日本人が世界に誇る美意識や感性は、建造物の造形に表現されていて、それを見ることによって伝承されていくものではないかと思うからです。

そんな建造物を失っていくということは、世界に誇るべき美意識や感性を捨てることにつながりかねない。そう考えると、「なんとかしなければ」と居ても立ってもいられなくなるのです。


ただし、そうした建造物をはじめとする地域の貴重な資源を守るためには、その地域の経済が元気でいなければなりません。だからこそ、その地域の中小企業を元気にするお手伝いがしたい。それこそが、「ＰＲＯＳＰＥＲ」に込めた僕なりの「志」なのです。

苦しいときに支えてくれる「最も確かなもの」

この「志」が本物かどうか――。

それが問われるのは、これからです。

もちろん、こうした挑戦が、すんなりとうまくいくなどということはありえないことはわかっています。おそらく、次から次へと難題が降りかかってきて、思わず逃げ出したくなるような局面に遭遇することだってあるでしょう。

だけど、そんなときこそ「志」を大事にしなければならないと思っています。

もしかすると、「志」を脇に置いて、「お金儲け」に走れば、一時は経営を延命させることはできるかもしれませんが、そのとき、僕の「志」に共感して、力を貸してくださっていた皆さまは離れていってしまうに違いありません。

だから、どんなに苦しくても、「志」を持ち続けることが大事だと思っています。

きっと、星野監督や宿澤さんも苦しいときがあったはずですが、おふたりは絶対に「志」を曲げるようなことはありませんでした。そんなおふたりの背中を、これからも追いかけていきたいと考えています。

あとがき

謙虚であれ――。

子どもの頃から、さんざん言われてきたことですが、その重要性が腑に落ちたのは、恥ずかしながらかなり最近のことです。リーダーとしていくつもの失敗を重ねてきて、ようやく少しは大切なことが見えてきたように思っています。

かつての僕は「リーダーたるもの、メンバーの誰よりも優秀でなければならない」という強迫観念のようなものに囚われていたのかもしれません。

だからこそ、誰よりも成果を上げることで、「俺についてこい」とメンバーを引っ張っていかなければならないと気負いすぎていたと思うのです。

だけど、そんな必要はないんです。

リーダーだからといって、格好をつけるのではなく、もっと気楽に自然体でいていいんです。

そして、自分の「弱点」を受け入れて、それをメンバーに「助けてもらう」という意識が大事。だからこそ、メンバーが伸び伸びと力を発揮してくれるのだし、メンバーとの信頼関係も築かれる。そして、みんなが仕事を楽しめる環境を作り出すことができれば、自然とチームとしての「成果」は上がっていく。つまり、「謙虚さ」こそがリーダーの条件だと思うのです。

その意味で、僕の先生だと思っている方々がいます。

人気芸人である「サンドウィッチマン」のおふたりです。

仙台のご出身であることから、楽天野球団時代によくご一緒させていただいたのですが、あれだけの人気者でありながら、全く偉そうなところがありません。それどころか、こちらが恐縮してしまうほど謙虚でいらっしゃるのです。

だからこそ、さまざまな方々から応援されて、あれだけ長きにわたって、トップクラスの人気を誇っていらっしゃるのでしょう。

しかも、おふたりの「笑い」には品があるというか、誰かを傷つけるような要素が全くありません。「謙虚さ」と「上品さ」を兼ね備えたおふたりから、多くのことを学ばせていただこうと思っています。

さて、本書もそろそろ終わりです。

末筆になり恐縮ですが、ここで改めて、三木谷浩史さんに深い感謝をお伝えしたいと思います。あのとき、三木谷さんが声をかけてくださったからこそ、楽天野球団でかけがえのない経験をさせていただくことができました。

そして、三木谷さんから多くのことを教えていただくとともに、多大なる影響を受けました。特に、絶対にあきらめず、何度でも挑戦する、その精神力を少しでも見習っていきたいと考えています。これからも、ご指導くださいますようお願い申し上げます。

また、前社長の島田亨さんにも深く感謝申し上げます。

楽天野球団で僕なりに仕事ができたのは、球団創設以来、ゼロから球団経営の基盤を築き上げてこられた島田さんのおかげです。本当にありがとうございました。

そして、楽天野球団で一緒に汗をかいた皆さんにも深く御礼を申し上げます。皆さんが支えてくださったからこそ、僕のような未熟者でもなんとかリーダーを務め上げることができました。

特に、森井誠之さんと安部井寛さんにはお世話になりました。おふたりを中心にみんなが集まり、会社をうまくまとめてくださいました。現在、森井さんは楽天野球団の社長として、安部井さんは日本野球機構（ＮＰＢ）の野球運営本部長として活躍されていますが、プロ野球をはじめとするスポーツ・ビジネスはポテンシャルが高く、これから加速度的に拡大していく可能性があります。ぜひ、おふたりの力で盛り上げていってほしいと願っています。

ヴィッセル神戸、台湾の野球チームのモンキーズの皆さんにも、むちゃくちゃな僕をたくさんサポートしてくださいました。本書では、その話をほとんど書けませんでしたが、みなさんとの〝ドタバタ劇〟は、いつかまた別の機会にお話しできたらと思います。

また、本書に推薦を寄せてくださった、藤田晋さんと楠木建先生にも深く御礼を申し上げます。

藤田さんとは古くからお付き合いをさせていただいていますが、僕より歳下であるにもかかわらず、常に学ばせていただいているような気がします。

まだ若い頃に、一緒にゴルフをしたときに、「藤田さんは、どうしてそんなに仕事をがんばるの？」と尋ねたら、「だって、会社を大きくして、たくさんの社員を雇用したら、日本経済に貢献できるじゃないですか」とサラッと応えたのを覚えてますか？　あなたは、あの頃から「志」をもっていたんですね。本当に素晴らしい経営者だと尊敬しています。

また、名著『ストーリーとしての競争戦略』（東洋経済新報者）に出会って以来のファンである楠木先生にも、いつも教えていただいています。あの本で学ばせていただいたことを、廻鮮寿司「塩釜港」の経営戦略に活かしているつもりです。これからもご指導をいただければ幸いです。

最後になりましたが、読者の皆さまには、ここまでお付き合いいただき、本当にありがとうございました。

プロローグでも書いたとおり、まだまだ未熟な僕に、偉そうに「リーダー論」を説くような資格はありません。あくまで、これから新しい挑戦をしようとしている自分のために、リーダーシップについての考え方をまとめてみたというにすぎません。

だから、この本に書いてあることが「正解」などというつもりはありません。

むしろ、読者の皆さまから反論をいただくことで、自分の「考え方」をブラッシュアップしたいと願っています。そして、皆さまと切磋琢磨しながら、自分なりのリーダーシップを全うしていく所存です。どうぞ、これからもよろしくお願いいたします。

2024年2月

立花陽三

立花陽三 (たちばな・ようぞう)

1971年東京都生まれ。小学生時代からラグビーをはじめ、成蹊高校在学中に高等学校日本代表候補選手に選ばれる。慶應義塾大学入学後、慶應ラグビー部で"猛練習"の洗礼を浴びる。

大学卒業後、約18年間にわたりアメリカの投資銀行業界に身を置く。新卒でソロモン・ブラザーズ証券（現シティグループ証券）に入社。1999年に転職したゴールドマン・サックス証券で実績を上げ、マネージング・ディレクターになる。金融業界のみならず実業界にも人脈を広げる。特に、元ラグビー日本代表監督の故・宿澤広朗氏（三井住友銀行取締役専務執行役員）との親交を深める。その後、メリルリンチ日本証券（現BofA証券）に引き抜かれ、数十人の営業マンを統括するも、リーダーシップの難しさを痛感する。

2012年、東北楽天ゴールデンイーグルス社長に就任。託された使命は「優勝」と「黒字化」。星野仙一監督をサポートして、2013年に球団初のリーグ優勝、日本シリーズ制覇を達成。また、球団創設時に98万人、就任時に117万人だった観客動員数を182万人に、売上も93億円から146億円に伸ばした。2017年には楽天ヴィッセル神戸社長も兼務することとなり、2020年に天皇杯JFA第99回全日本サッカー選手権大会で優勝した。

2021年に楽天グループの全役職を退任したのち、宮城県塩釜市の廻鮮寿司「塩釜港」の創業者・鎌田秀也氏から相談を受け、同社社長に就任。すでに、仙台店、東京銀座店などをオープンし、今後さらに、世界に挑戦すべく準備を進めている。また、Plan・Do・Seeの野田豊加代表取締役と日本企業成長支援ファンド「PROSPER」を創設して、地方から日本を熱くすることにチャレンジしている。

リーダーは偉くない。

2024年2月27日　第1刷発行
2024年7月10日　第4刷発行

著　者――立花陽三
発行所――ダイヤモンド社
〒150-8409　東京都渋谷区神宮前6-12-17
https://www.diamond.co.jp/
電話／03·5778·7233（編集）　03·5778·7240（販売）
装丁――――奥定泰之
製作進行――ダイヤモンド・グラフィック社
印刷――――勇進印刷
製本――――ブックアート
編集担当――田中 泰

ISBN 978-4-478-11631-9